中国城市客运发展报告

National Report on Urban Passenger Transport Development

（2014）

中 华 人 民 共 和 国 交 通 运 输 部　编

人民交通出版社股份有限公司
China Communications Press Co.,Ltd.

内 容 提 要

本报告反映了2014年度中国城市客运发展状况，展示了行业发展水平和发展要点。报告分为综述篇、行业篇、专题篇和2014年度城市客运大事记四部分，共十三章。内容涵盖了公共汽电车、城市轨道交通、出租汽车等城市客运领域，专题介绍了城市客运管理体制改革、公交都市创建、城市交通拥堵治理、新能源车辆推广应用、城市客运标准化、城市客运信息化、城市客运票制票价及行业精神文明建设方面的情况。本报告可为社会公众了解城市客运行业发展状况提供基础资料，为城市客运行业管理、企业经营管理和相关科研工作等提供参考。

Abstract

This report comprehensively represents the developmental level and characteristics of China's urban passenger transport in the year 2014. Specifically, the report consists of 13 chapters in 4 parts (Overview, Urban Passenger Transport Sector, Specific Topics and Important Events of Urban Passenger Transport in 2014), which covers sections of urban transit passenger transport services in terms of buses/trolly buses, urban rail transit and taxis. It also introduces urban passenger transport administrative reform, the Transit Metropolis demonstration, urban congestion countermeasures, promotion the application of new energy vehicles, urban passenger transport standardization and informatization, urban passenger transport fare as well as the promotion of spiritual civilization. This report provides information of China's urban passenger transport development to the public, supports urban transit industry administration, enterprise manangement and relevant research.

图书在版编目（CIP）数据

中国城市客运发展报告 . 2014 / 中华人民共和国交通运输部编 .—北京： 人民交通出版社股份有限公司，2015.6

ISBN 978-7-114-12348-1

Ⅰ . ①中… Ⅱ . ①中… Ⅲ . ①城市运输—旅客运输—研究报告—中国— 2015 Ⅳ . ① F572.8

中国版本图书馆 CIP 数据核字（2015）第 130300 号

书　　名：中国城市客运发展报告（2014）
著 作 者：中华人民共和国交通运输部
责任编辑：智景安
出版发行：人民交通出版社股份有限公司
地　　址：（100011）北京市朝阳区安定门外外馆斜街 3 号
网　　址：http://www.ccpress.com.cn
销售电话：（010）59757973
总 经 销：人民交通出版社股份有限公司发行部
经　　销：各地新华书店
印　　刷：中国电影出版社印刷厂
开　　本：880 × 1230　1/16
印　　张：8.5
字　　数：249 千
版　　次：2015 年 6 月　第 1 版
印　　次：2015 年 6 月　第 1 次印刷
书　　号：ISBN 978-7-114-12348-1
定　　价：100.00 元

编委会

编写领导小组

编委会

编 写 组

组 长： 江玉林

副组长： 陈徐梅 冯立光

成 员： 魏领红 叶宇海 彭 虓 郑 宇 饶南志

吕亚军 李良华 吴洪洋 郭 忠 刘好德

徐 彦 安 晶 常成志 张好智 宜毛毛

许 飒 李 超 冯旭杰 贾文峥 尹志芳

刘向龙 王江平 刘蕾蕾 杨远舟 李振宇

安小芬 牛 犇 石 欣 王吉生 赵 屾

编写说明

本报告由交通运输部运输服务司、交通运输部科学研究院组织编写。交通运输部科学研究院城市交通研究中心承担具体的编写工作。

本报告内容分为综述篇、行业篇、专题篇和2014年度城市客运大事记四个部分，共十三章。各章主要撰稿人如下：第一章，江玉林、冯立光、陈徐梅；第二章，陈徐梅、叶宇海、彭唬；第三章，魏领红、刘蕾蕾、郭忠；第四章，贾文峥、吕亚军、杨远舟、冯旭杰；第五章，魏领红、李良华、冯立光；第六章，彭唬、吴洪洋、饶南志；第七章，安晶、郑宇、魏领红；第八章，常成志、郑宇、赵屾；第九章，李超、尹志芳、李振宇；第十章，张好智、安小芬、王吉生；第十一章，刘好德、刘向龙、宜毛毛、徐彦；第十二章，王江平、许飒；第十三章，魏领红、陈徐梅、牛犇。全书由陈徐梅、彭唬、冯立光统稿，文字数据由魏领红、郭忠、徐彦、赵屾等校核，插图由魏领红、石欣绘制。交通运输部综合规划司郑文英、俞高潮等参与了本报告的审稿工作，并提出了修改意见和建议。本报告数据提供与整理得到了交通运输部科学研究院交通信息中心王哲、王望雄、张子晗、曾芳芳的大力支持。

本报告中城市客运系统包括公共汽电车、城市轨道交通、出租汽车、城市客运轮渡以及相应的服务设施和设备等。本报告主要数据来源为《城市（县城）客运统计》、《全国交通运输资料汇编》、《公路水路交通运输行业发展统计公报》、《交通运输行业发展统计公报》、《中国城市建设统计年鉴》以及交通运输部运输服务司的统计资料；案例材料来源于交通运输部运输服务司、交通运输部科学研究院和地方城市交通管理部门。本报告内容不含中国香港特别行政区、澳门特别行政区和台湾省的情况。

本报告中，我国东部、中部、西部地区依据自然地理位置划分，具体如下：

（1）东部地区：北京、天津、河北、辽宁、上海、江苏、浙江、福建、山东、广东、广西和海南12个省（自治区、直辖市）；

编写说明

（2）中部地区：山西、内蒙古、吉林、黑龙江、安徽、江西、河南、湖北和湖南9个省（自治区）；

（3）西部地区：重庆、四川、贵州、云南、西藏、陕西、甘肃、青海、宁夏和新疆10个省（自治区、直辖市）。

由于2014年度城市人口数据尚未发布，本报告中与人口相关的指标数据均采用2013年度统计数据计算得出。

编　者

2015年6月

目 录

综 述 篇

行 业 篇

专 题 篇

目　录

CONTENTS

OVERVIEW

URBAN PASSENGER TRANSPORT SECTOR

SPECIFIC TOPICS

CONTENTS

综述篇

OVERVIEW

2014 年，全国城市客运行业围绕“四个交通”（综合交通、智慧交通、绿色交通、平安交通）建设的总体部署，深入贯彻落实城市公交优先发展战略，深化体制机制改革，创新行业管理与服务，加快推进公交都市示范工程建设，加大政策支持力度，不断提升城市客运行业发展水平。城市客运发展环境进一步改善，基础设施和服务水平得到有效提升，城市客运在城市综合交通体系中的地位和作用不断加强，为保障人民群众基本出行、推进新型城镇化建设提供了有力支撑。2014 年，全国城市客运系统运送旅客 1315.66 亿人次，同比增长 2.5%。其中城市公共汽电车客运量为 781.88 亿人次，同比增长 1.4%；城市轨道交通客运量为 126.66 亿人次，同比增长 16.0%；出租汽车客运量为 406.06 亿人次，同比增长 1.0%；轮渡客运量为 1.07 亿人次，同比增长 0.7%。

第一章　城市客运发展概述

第一节　城市客运供给能力

截至 2014 年年底，全国公共汽电车运营车辆共计 52.9 万辆（折合 59.8 万标台），比 2013 年增长 3.8%（折合标台增长 4.3%）；城市轨道交通运营车辆共计 17300 辆（折合 41770 标台），比 2013 年增长 20.4%（折合标台增长 21.4%）；出租汽车运营车辆共计 137.0 万辆，比 2013 年增长 2.2%；城市客运轮渡运营船只共计 329 艘，比 2013 年下降 22.0%，见图 1-1 和图 1-2。全国万人[1]公共交通车辆保有量（包括公共汽电车运营车辆和城市轨道交通运营车辆）8.2 标台。

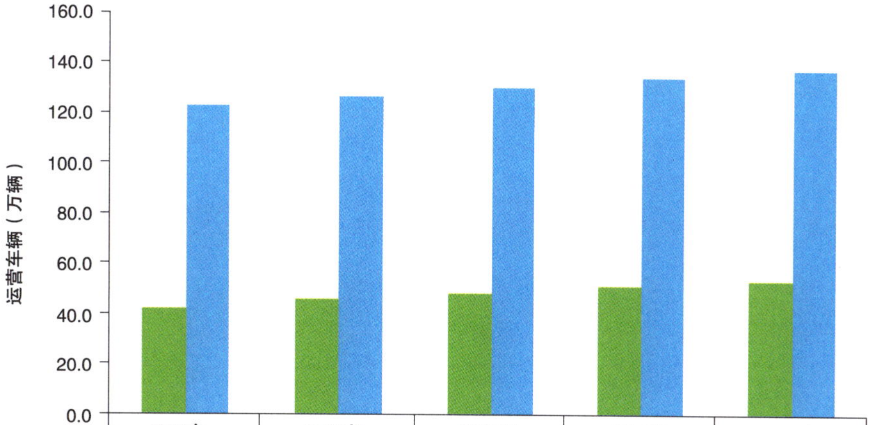

	2010年	2011年	2012年	2013年	2014年
公共汽电车运营车辆数（万辆）	42.1	45.3	47.5	51.0	52.9
出租汽车运营车辆数（万辆）	122.6	126.4	130.0	134.0	137.0

图1-1　2010～2014年全国公共汽电车、出租汽车运营车辆数量情况

注：数据来源于 2010 ～ 2012 年《公路水路交通运输业发展统计公报》、2013 ～ 2014 年《交通运输行业发展统计公报》、2010 ～ 2014 年《城市（县城）客运统计》。

[1] 人口为市区人口，指行政区域内常住人口和未落户口的常住人口，包括暂住人口，以公安部门的户籍统计数据为准，数据来源于《中国城市建设统计年鉴》。

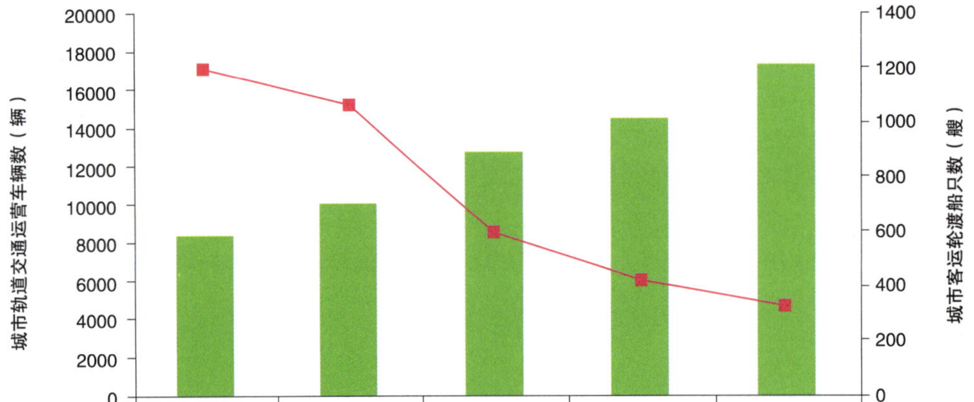

	2010年	2011年	2012年	2013年	2014年
城市轨道交通运营车辆数（辆）	8285	9945	12611	14366	17300
城市客运轮渡运营船只数（艘）	1192	1061	590	422	329

图1-2　2010～2014年全国城市轨道交通运营车辆和客运轮渡船只数量情况

注：数据来源于 2010 ～ 2012 年《公路水路交通运输业发展统计公报》、2013 ～ 2014 年《交通运输行业发展统计公报》、2010 ～ 2014 年《城市（县城）客运统计》。

截至 2014 年年底，全国共有公共汽电车运营线路 45052 条，运营线路总长度达 81.8 万公里，较 2013 年分别增长 7.9% 和 9.2%；全国城市轨道交通运营线路共计 92 条，总长度为 2816.1 公里，较 2013 年分别增长 13.6% 和 17.0%。2010 ～ 2014 年全国公共汽电车和城市轨道交通运营线路长度情况见图 1-3。

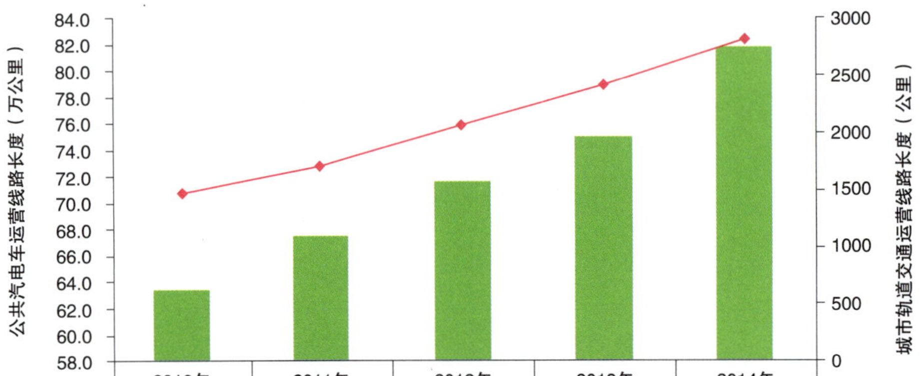

	2010年	2011年	2012年	2013年	2014年
公共汽电车运营线路长度（万公里）	63.4	67.3	71.5	74.9	81.8
城市轨道交通运营线路长度（公里）	1471.3	1698.7	2057.9	2407.9	2816.1

图1-3　2010～2014年全国公共汽电车和城市轨道交通运营线路长度情况

注：数据来源于 2010 ～ 2012 年《公路水路交通运输业发展统计公报》、2013 ～ 2014 年《交通运输行业发展统计公报》、2010 ～ 2014 年《城市（县城）客运统计》。

2014 年全国 31 个省（自治区、直辖市）以及全国 36 个中心城市公共交通供给能力综合情况见表 1-1 和表 1-2。

2014年全国31个省（自治区、直辖市）城市公共交通供给能力综合情况　　表1-1

省份	公共交通运营车辆数（标台）	公共汽电车运营车辆数（标台）	城市轨道交通运营车辆数（标台）	公共交通车辆保有量（标台/万人）	公共汽电车运营线路长度（公里）	城市轨道交通运营线路长度（公里）	公交专用车道长度（公里）	公共汽电车车均场站面积（平方米/标台）
全国	639625	597855	41770	8.2	817781	2816.1	6897.3	107.4
北京	46171	34511	11660	21.8	20249	527.0	394.8	156.3
天津	14267	12738	1529	15.8	14881	147.1	65.0	61.4
河北	21737	21737	—	7.3	33365	—	37.9	122.8
辽宁	28046	26871	1175	8.6	29724	141.0	626.9	99.3
上海	29028	19835	9193	12.0	23897	577.5	161.8	84.7
江苏	46792	43815	2977	7.7	57734	312.7	959.2	114.3
浙江	34455	33165	1290	7.8	57353	87.2	528.0	122.0
福建	16640	16640	—	6.6	24968	—	129.2	100.4
山东	44956	44956	—	7.8	81902	—	852.1	111.2
广东	69178	61685	7493	7.8	98474	437.0	1034.8	107.0
广西	11591	11591	—	5.5	18886	—	9.8	127.1
海南	3477	3477	—	5.1	5752	—	25.0	76.5
山西	11625	11625	—	6.5	20279	—	197.0	111.1
内蒙古	10405	10405	—	9.1	26233	—	50.7	149.4
吉林	12776	12286	490	6.1	14928	54.5	116.6	55.3
黑龙江	19571	19406	165	8.4	24312	17.2	52.9	106.8
安徽	20497	20497	—	7.6	22316	—	108.6	134.1
江西	10451	10451	—	5.9	18763	—	48.7	70.4
河南	25632	25257	375	5.7	26774	26.2	112.7	111.3
湖北	24098	22653	1445	5.8	22093	95.3	95.0	105.2
湖南	22151	21911	240	8.0	21506	21.9	281.6	101.1
重庆	15375	13551	1824	7.3	14986	202.0	15.0	23.8
四川	33893	32918	975	8.8	33872	59.3	474.0	85.1
贵州	8222	8222	—	6.9	8843	—	23.9	135.6
云南	14211	13977	234	9.3	40482	59.3	85.0	96.3
西藏	672	672	—	9.0	1304	—	—	90.8
陕西	15586	14881	705	9.8	14323	50.9	255.3	103.6
甘肃	7036	7036	—	7.3	9024	—	8.9	92.2
青海	3881	3881	—	17.2	8560	—	—	49.2
宁夏	4057	4057	—	10.9	7724	—	74.3	152.1
新疆	13150	13150	—	12.9	14277	—	72.6	136.7

注：1.数据来源于2014年《交通运输行业发展统计公报》和《城市（县城）客运统计》。

2.此表中城市公共交通包括公共汽电车与城市轨道交通，不含城市客运轮渡；公共汽电车车均站场面积中站场面积为保养场面积与停车场面积之和。

2014年全国36个中心城市公共交通供给能力综合情况 表1-2

城市	公共交通运营车辆数（标台）	公共汽电车运营车辆数（标台）	城市轨道交通运营车辆数（标台）	公共交通车辆保有量（标台/万人）	公共汽电车运营线路长度（公里）	城市轨道交通运营线路长度（公里）	公交专用车道长度（公里）	公共汽电车车均场站面积（平方米/标台）
北京	46171	34511	11660	21.8	20249	527	394.8	156.3
上海	29028	19835	9193	12.0	23897	577.5	161.8	84.7
广州	21145	16467	4678	15.9	18762	260	370	96.8
重庆	13905	12081	1824	6.6	11989	202	3.5	21.1
深圳	20612	17797	2815	19.4	20270	177	412.9	111.0
天津	14267	12738	1529	15.8	14881	147.1	65	61.4
太原	3542	3542	—	9.8	2880	—	111	121.1
沈阳	7803	7158	645	13.4	4113	54	164.9	53.9
长春	5840	5350	490	14.0	4348	54.5	93	15.1
哈尔滨	8049	7884	165	15.9	4673	17.2	41.9	110.4
南京	12029	10239	1790	17.7	8792	186.9	91	64.3
杭州	11293	10333	960	18.7	11885	66.3	136	160.8
合肥	5438	5438	—	13.1	2603	—	34.1	121.6
济南	6346	6346	—	17.6	4310	—	164.5	138.2
郑州	8664	8289	375	11.1	4652	26.2	82	150.2
武汉	11707	10262	1445	12.3	6779	95.3	35	73.4
长沙	6840	6600	240	21.6	3173	21.9	129.6	111.5
南宁	3817	3817	—	11.6	3033	—	—	84.4
成都	16060	15085	975	26.4	7125	59.3	431.8	85.8
贵阳	3279	3279	—	9.7	3336	—	13.4	97.0
昆明	6904	6670	234	13.7	10396	59.3	85	97.5
西安	9712	9007	705	14.7	6125	50.9	238.8	102.0
石家庄	5296	5296	—	17.3	3761	—	16	123.9
乌鲁木齐	5889	5889	—	19.3	2722	—	67.6	111.1
宁波	5846	5516	330	18.7	8773	20.9	81.2	119.1
大连	6914	6384	530	21.4	3376	87	220.6	68.9
青岛	8342	8342	—	22.8	7558	—	83	68.8
厦门	5448	5448	—	13.5	6106	—	53.2	56.4
呼和浩特	2609	2609	—	11.7	1871	—	17	204.3
福州	4366	4366	—	18.0	4111	—	50	131.2
南昌	3945	3945	—	15.9	3924	—	15.3	4.8
海口	1875	1875	—	7.0	2199	—	25	73.6
兰州	2832	2832	—	13.1	1698	—	8.9	85.1

续上表

城市	公共交通运营车辆数（标台）	公共汽电车运营车辆数（标台）	城市轨道交通运营车辆数（标台）	公共交通车辆保有量（标台/万人）	公共汽电车运营线路长度（公里）	城市轨道交通运营线路长度（公里）	公交专用车道长度（公里）	公共汽电车车均场站面积（平方米/标台）
西宁	2220	2220	—	15.7	1181	—	—	37.8
银川	1905	1905	—	14.7	1755	—	74.3	170.1
拉萨	508	508	—	8.8	629	—	—	98.4

注：1.数据来源于2014年《交通运输行业发展统计公报》和《城市（县城）客运统计》。
2.此表中城市公共交通包括公共汽电车与城市轨道交通，不含城市客运轮渡；公共汽电车车均站场面积中站场面积为保养场面积与停车场面积之和。
3.广州轨道交通运营线路长度含佛山境内约14.8公里。

第二节　城市客运服务水平

2014 年全国城市客运系统共完成客运量 1315.7 亿人次，比 2013 年增长 2.5%。其中，公共汽电车完成客运量为 781.9 亿人次，占城市客运系统完成客运量的 59.4%；城市轨道交通完成客运量为 126.7 亿人次，占城市客运系统完成客运量的 9.6%；出租汽车完成客运量为 406.1 亿人次，占城市客运系统完成客运量的 30.9%；轮渡完成客运量为 1.1 亿人次，占城市客运系统完成客运量的 0.1%。近 5 年全国城市客运系统完成客运量情况见图 1-4。

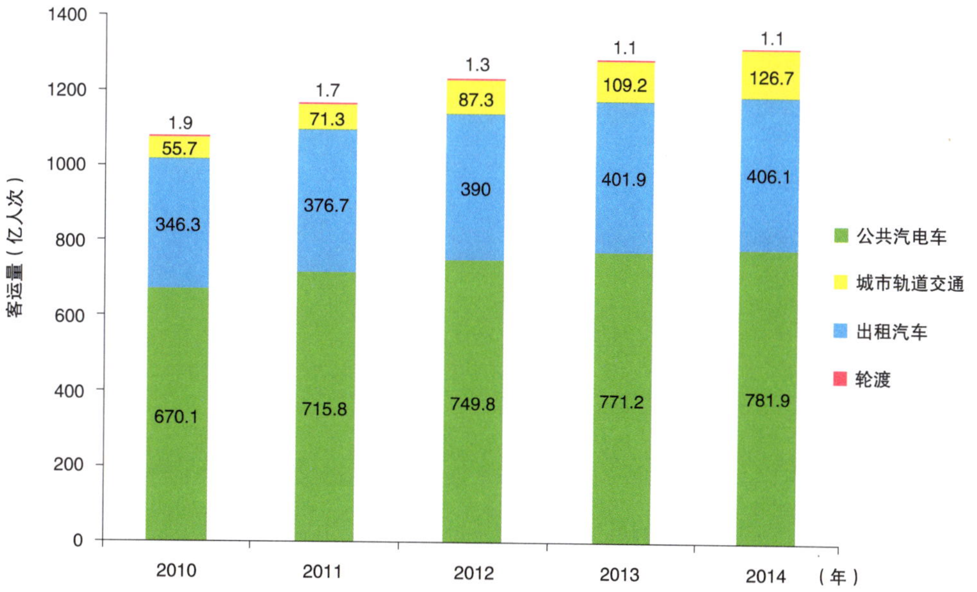

图1-4　2010～2014年全国城市客运系统完成客运量情况

注：数据来源于 2010 ～ 2012 年《公路水路交通运输业发展统计公报》、2013 ～ 2014 年《交通运输行业发展统计公报》、2010 ～ 2014 年《城市（县城）客运统计》。

2014 年全国 31 个省（自治区、直辖市）以及全国 36 个中心城市公共交通服务水平综合情况见表 1-3 和表 1-4。

2014年全国31个省（自治区、直辖市）城市公共交通服务水平综合情况 **表1-3**

省份	公共交通客运总量（万人次）	公共汽电车客运量（万人次）	公共汽电车客运量所占比例（%）	城市轨道交通客运量（万人次）	城市轨道交通客运量所占比例(%)	轮渡客运量（万人次）	轮渡客运量所占比例（%）	公共交通一卡通售卡量（万张）	公共交通一卡通刷卡量（万人次）
全国	9096054	7818820	86.0	1266576	13.9	10658	0.1	43376.4	3404367
北京	815848	477180	58.5	338668	41.5	—	—	7570.5	388062
天津	181072	151011	83.4	30061	16.6	—	—	900.0	62891
河北	227715	227715	100.0	—	—	—	—	862.9	38211
辽宁	454453	419453	92.3	35000	7.7	—	—	1401.5	156626
上海	550721	266530	48.4	282727	51.3	1464	0.3	5603.0	210996
江苏	525295	461348	87.8	63438	12.1	509	0.1	4924.9	252623
浙江	394539	378320	95.9	15903	4.0	316	0.1	2317.3	188113
福建	249380.0	246066	98.7	—	—	3314.0	1.3	882.9	83595
山东	430921.0	430839	100.0	—	—	82	0.0	1664.9	176276
广东	1102948	768995	69.7	331465	30.1	2488	0.2	7916.3	439077
广西	146911	146911	100.0	—	—	—	—	63.9	22711
海南	48521	48521	100.0	—	—	—	—	30.9	996
山西	151955	151955	100.0	—	—	—	—	103.0	55848
内蒙古	128111	128111	100.0	—	—	—	—	185.8	38646
吉林	186142	178481	95.9	7661	4.1	—	—	341.0	39746
黑龙江	270017	264218	97.9	5387	2.0	412	0.2	521.9	71616
安徽	247534	247534	100.0	—	—	—	—	708.6	105097
江西	150183	150145	100.0	—	—	38	0.0	184.7	43022
河南	282883	276097	97.6	6786	2.4	—	—	858.8	69244
湖北	390400	353156	90.5	35624	9.1	1620	0.4	973.5	157874
湖南	335627	330905	98.6	4580	1.4	142	0.0	770.3	79883
重庆	320720	268736	83.8	51710	16.1	274	0.1	1130.4	161178
四川	471183	448491	95.2	22692	4.8	—	—	1331.7	193945
贵州	162967	162967	100.0	—	—	—	—	61.2	16863
云南	180809	175887	97.3	4922	2.7	—	—	606.4	74642
西藏	9401	9401	100.0	—	—	—	—	12.4	1441
陕西	289312	259359	89.6	29953	10.4	—	—	345.9	130611
甘肃	127390	127390	100.0	—	—	—	—	468.9	57453
青海	44500	44500	100.0	—	—	—	—	161.8	35097
宁夏	45541	45541	100.0	—	—	—	—	49.8	7131
新疆	173055	173055	100.0	—	—	—	—	421.2	44856

注：数据来源于2014年《交通运输行业发展统计公报》、《城市（县城）客运统计》。

2014年全国36个中心城市公共交通服务水平综合情况 **表1-4**

城市	公共交通客运量							公共交通一卡通售卡量（万张）	公共交通一卡通刷卡量（万人次）
	客运总量（万人次）	公共汽电车客运量（万人次）	公共汽电车客运量所占比例（%）	城市轨道交通客运量（万人次）	城市轨道交通客运量所占比例（%）	轮渡客运量（万人次）	轮渡客运量所占比例（%）		
北京	815848	477180	58.5	338668	41.5	—	—	7570.5	388062
上海	550721	266530	48.4	282727	51.3	1464	0.3	5603.0	210996
广州	494772	264914	53.5	227790	46.0	2068	0.4	3778.7	201200
重庆	292576	240681	82.3	51710	17.7	185	0.1	1100.8	158708
深圳	329414	225739	68.5	103675	31.5	—	—	2552.8	135887
天津	181072	151011	83.4	30061	16.6	—	—	900.0	62891
太原	50057	50057	100.0	—	—	—	—	40.0	39793
沈阳	136488	110713	81.1	25775	18.9	—	—	629.0	55188
长春	82588	74927	90.7	7661	9.3	—	—	190.0	20750
哈尔滨	133676	127877	95.7	5387	4.0	412	0.3	370.4	45853
南京	155042	104216	67.2	50317	32.5	509	0.3	2000.0	83967
杭州	152276	137761	90.5	14515	9.5	—	—	833.7	93777
合肥	69134	69134	100.0	—	—	—	—	322.5	36658
济南	80312	80312	100.0	—	—	—	—	640.7	29062
郑州	105534	98748	93.6	6786	6.4	—	—	488.0	22077
武汉	184896	148300	80.2	35624	19.3	972	0.5	450.0	100280
长沙	79801	75221	94.3	4580	5.7	—	—	483.0	46272
南宁	51718	51718	100.0	—	—	—	—	1.9	6041
成都	204776	182084	88.9	22692	11.1	—	—	680.0	124337
贵阳	66973	66973	100.0	—	—	—	—	6.0	10242
昆明	89294	84372	94.5	4922	5.5	—	—	430.6	47682
西安	199720	169767	85.0	29953	15.0	—	—	165.0	103007
石家庄	65233	65233	100.0	—	—	—	—	543.3	10792
乌鲁木齐	87016	87016	100.0	—	—	—	—	270.3	23654
宁波	51077	49469	96.9	1388	2.7	220	0.4	364.5	37455
大连	113010	103785	91.8	9225	8.2	—	—	408.6	54663
青岛	105674	105592	99.9	—	—	82	0.1	388.5	67039
厦门	96052	92769	96.6	—	—	3283	3.4	549.4	56194
呼和浩特	37740	37740	100.0	—	—	—	—	87.7	18139
福州	59543	59512	99.9	—	—	31	0.1	193.6	9064
南昌	61773	61773	100.0	—	—	—	—	34.7	21770
海口	29523	29523	100.0	—	—	—	—	17.1	596
兰州	77204	77204	100.0	—	—	—	—	358.0	42122
西宁	34047	34047	100.0	—	—	—	—	146.1	32151
银川	30271	30271	100.0	—	—	—	—	42.6	6625
拉萨	7910	7910	100.0	—	—	—	—	12.4	1441

注：1. 表1-3 中 “重庆” 指市域，表1-4 中 “重庆” 指市区，二者统计口径不同。
　　2. 数据来源于2014年《交通运输行业发展统计公报》、《城市（县城）客运统计》。

第三节　城市客运发展特点

一、城市客运管理体制机制改革不断深化

2014 年，为贯彻落实《国务院关于城市优先发展公共交通的指导意见》（国发〔2012〕64 号）及《交通运输部关于贯彻落实〈国务院关于城市优先发展公共交通的指导意见〉的实施意见》（交运发〔2013〕368 号）精神，全国各级交通运输部门深入推动城市公共交通优先发展政策落地，推进出租汽车行业管理制度建设。一是城市公共交通管理体制改革不断推进。各省级交通运输主管部门积极协调当地发改、公安等相关部门，推动建立城市公共交通优先发展部门联席工作机制，加强对所辖城市的指导和支持力度。各主要中心城市加快落实公共交通发展的主体责任，逐步建立了由市政府主要领导牵头，交通、发改、财政、国土、公安、规划等各有关部门共同参加的组织协调机制，并充分调动社会公众的积极性，形成“城市政府主导、部门分工负责、社会公众参与”的公共交通发展格局。二是城市公共交通管理机制进一步理顺。各地从资源配置、政策法规、票制票价、基础设施、服务模式、绩效评价等方面，深入推动城市公共交通发展改革，逐步理顺城市公共交通管理体制和运营机制，取得良好成效。公共交通价格形成机制和政府购买公共交通服务制度不断完善，运营管理模式不断创新，公共交通企业服务质量不断提升。北京等城市加紧探索建立科学的公共交通票制票价体系，有力提升行业可持续发展能力。三是出租汽车行业管理制度建设不断加强。交通运输部制定出台《出租汽车经营服务管理规定》（交通运输部令 2014 年第 16 号），组织推进《出租汽车电召服务管理规范》、《出租汽车运营技术条件》等标准规范的编制工作，进一步规范出租汽车行业管理法规和标准建设。

二、公交都市创建工作成效初步显现

在交通运输部指导下，各相关省份和创建城市有关部门分工负责、齐抓共建，公共交通引领城市发展的理念得到广泛认同，公共交通优先发展的支持政策体系逐步完善，城市公共交通基础设施、运营保障能力和服务水平稳步提升,公交都市创建工作取得初步成效。一是政府主导的创建工作机制基本建立。各地将公交都市创建确立为市长工程、民心工程、民生工程，充分认识并发挥城市人民政府的创建主体作用，建立了市领导牵头负责、多个部门共同参与的组织领导机制。部分省市还建立了省级层面的创建工作领导机构，有力保障了各项创建工作的顺利开展。二是规划先行的创建理念得到普遍认同。各创建城市坚持规划先行的创建理念，积极开展城市公共交通规划及相关专项规划的编制工作，公共交通引领城市发展的作用初步呈现。三是综合配套的政策保障体系基本形成。各相关省市和创建城市注重以政策制度创新激发城市公共交通发展内生动力，结合各自实际，积极探索，敢于创新，出台了很多富有成效的政策措施，有效保障了创建工作的顺利推进，让群众实实在在享受到出行的便捷和实惠。四是综合衔接的公交基础设施建设快速推进。各创建城市积极推进公交基础设施建设，公交场站用地和建设资金逐步得到落实，一批城市综合客运枢纽的公交基础设施启动建设。广州实施“百线千车”工程，2014 年新开公交线路 100 条、新增公交车辆 1000 辆。哈尔滨新增、更新公交运力 2800 辆，公交车标台数量较创建前增长一倍。成都建成国内规模最大的城市公交专用道网络，北京、济南、福州等多个城市开通定制公交，乌鲁木齐、枣庄、常州等城市大力发展快速公交。五是多样化的出行服务保障体系初步形成。在公交都市创建过程中，各地不断创新服务方式，提升服务品质，多层次、高效率、一体化的公共交通服务体系快速推进。定制公交、商务公交、旅游专线、社区公交等特色公交服务迅速推广，城市公共交通行业服务意识和创新活力显著提升。六是公交都市的带动和示范效应初步显现。在 37 个创建城市的示范带动下，各地充分借鉴创建城市发展经验，积极推动城市公共交通的科学发展。浙江、广东、江苏、

河南等借鉴公交都市创建经验，在省内开展了公交优先示范城市创建活动，有效带动了省内其他城市公共交通的全面发展。七是公交出行文化得以加强。2014 年 9 月 16 日至 22 日，交通运输部组织开展了以“优选公交、绿色出行”为主题的第二届“公交出行宣传周”活动，各地按照交通运输部统一部署，紧密结合当地实际，开展了多种形式的公交出行宣传活动，吸引更多的群众乐于选择公交、放心乘坐公交。

三、城市客运行业绿色发展成效显著

2014 年，交通运输行业不断加大绿色发展力度，着力推广应用新能源车辆，以改善能源结构，减少空气污染，推动产业升级。一是积极推广应用新能源和清洁能源汽车。2014 年 7 月，国务院办公厅印发了《国务院办公厅关于加快新能源汽车推广应用的指导意见》（国办发〔2014〕35 号），对加快新能源汽车推广应用做了总体部署。2014 年 6 月，交通运输部印发《关于交通运输行业贯彻落实〈2014 ~ 2015 年节能减排低碳发展行动方案〉的实施意见》（交办发〔2014〕110 号），提出“继续推进天然气汽车在道路运输和城市公交中的应用。贯彻落实国家关于新能源汽车推广应用的战略部署，研究制定在城市公交、出租汽车、城市配送等领域推广应用新能源汽车的指导意见”。2014 年 9 月，交通运输部办公厅面向全行业征求加快新能源汽车推广应用的意见建议，为城市客运行业推广应用新能源汽车打下基础。二是深化绿色低碳交通运输试点工作。继续做好绿色循环低碳交通运输体系建设城市试点。推进 17 个绿色交通区域性主题示范项目，制定京津冀一体化节能减排专项行动方案，组织评选交通运输绿色循环低碳示范项目，加大推广力度。三是加快构建城市绿色交通运输组织体系。各城市积极推进公交都市示范城市创建活动，优化城市公共交通线路和站点设置，科学组织调度，逐步提高站点覆盖率、车辆准点率和乘客换乘效率，增强公交吸引力。加强静态交通管理，推动实施差别化停车收费。综合运用多种交通需求管理措施，加大城市交通拥堵治理力度。

四、城市客运标准化体系逐步完善

2014 年，城市客运行业大力推动城市客运标准化各项工作，不断完善城市客运标准体系，制定了一批重要的标准规范。一是对城市客运标准化重要性的认识进一步增强。2014 年 8 月，出台《交通运输部关于加强和改进交通运输标准化工作的意见》（交科技发〔2014〕169 号），突出强调加快包括城市客运在内的三个领域的技术标准制定。2014 年 10 月，交通运输部召开全行业标准化工作会议。全国城市客运标准化技术委员会受邀代表交通运输领域 26 家专业标准化技术委员会在大会上作交流发言，城市客运标准化工作取得的积极成效得到全行业的肯定。二是城市客运标准体系框架不断健全。2014 年全国城市客运标准化技术委员会编制完成的《城市客运标准体系（2014 年）》（交办科技〔2015〕7 号）发布，确定了城市客运标准体系框架，明确了城市客运行业发展所需要的主要标准；并组织编制了“2015 ~ 2017 年城市客运重点标准制修订计划”，提出了《城市客运标志》等约 40 项标准制修订任务。《城市客运标准体系（2014 年）》已于 2014 年 12 月报批。三是加快城市客运行业发展急需标准编制。2014 年完成了《城市公共交通发展水平评价指标体系》、《城市公共交通分担率调查和统计方法》、《公交专用道设置条件》等约 20 项行业发展急需标准的编制工作。

五、城市客运信息化水平不断提高

2014 年，城市客运信息化建设步伐进一步加快。一是城市公共交通智能化应用示范工程建设稳步推进。2014 年 4 月，交通运输部办公厅印发了《关于加快推进城市公共交通智能化应用示范工程建设有关

事项的通知》(厅运字〔2014〕79号),明确支持太原、石家庄、青岛等26个城市开展第二批示范工程建设,并明确了相关工作要求。2014年5月,《交通运输部办公厅关于印发城市公共交通智能化应用示范工程建设指南的通知》(厅运字〔2014〕105号)发布,进一步加强了对城市公共交通智能化应用示范工程建设的技术指导。二是一卡通互联互通工作深入推进。2014年3月,《交通运输部关于做好〈城市公共交通IC卡技术规范(试行)〉验证工作的通知》(交运发〔2014〕74号)发布,为推动出台技术标准、实现一卡通的互联互通提供保障。三是开通12328客服电话。2014年1月,《交通运输部关于印发交通运输服务监督电话“12328”实施方案的通知》(交运发〔2014〕29号)发布,提出构建以地方为主、联网运行的12328电话系统,使交通运输服务范围进一步扩大,服务能力进一步增强,服务水平进一步提升,人民群众的认可度和满意度进一步提高。

第二章 城市客运发展环境

2014年是贯彻落实党的十八届三中全会精神，全面深化交通运输改革的启动之年，是完成“十二五”规划目标的关键之年。交通运输系统按照稳增长、促改革、调结构、惠民生、防风险的要求，大力推进“四个交通”建设，不断完善综合交通运输体系，努力做到稳中有为、稳中有进，各项工作取得新的成绩。各级政府不断加大对城市客运的政策支持力度，城市公共交通优先发展战略得到进一步落实，城市客运发展环境不断改善。

第一节 经济社会环境

2014年，我国全面贯彻落实党的十八届三中、四中全会精神，坚持稳中求进工作总基调，全力推进改革开放，着力创新宏观调控，奋力激发市场活力，努力培育创新动力，国民经济在新常态下平稳运行，结构调整出现积极变化，发展质量不断提高，民生事业持续改善，为城市客运发展创造了良好的经济社会环境。

一、经济社会发展

2014年，我国经济运行处于合理区间。全国实现国内生产总值636463亿元，比2013年增长7.4%。就业稳定增加，截至2014年年底全国共有就业人员77253万人，其中城镇就业人员39310万人，全年城镇新增就业人员1322万人。年底城镇登记失业率为4.1%。2014年，我国城乡居民收入继续增加。农村居民人均可支配收入10489元，比2013年增长11.2%，扣除价格因素，实际增长9.2%；城镇居民人均可支配收入28844元，比上年增长9.0%，扣除价格因素，实际增长6.8%。

随着国民经济的持续健康发展和人民生活水平的不断提高，城乡居民出行总量持续稳定增长，对城市客运行业的要求日益提高。从近几年的总体发展情况看，城市客运系统完成的客运量与国内生产总值、全国城镇就业情况、城镇居民人均可支配收入保持了同步的增长态势（图2-1、图2-2、图2-3），城市客运保障经济社会发展的能力不断增强。

二、城镇化与机动化发展

2014年3月，《国家新型城镇化规划（2014～2020年）》发布，提出将公共交通放在城市交通发展的首要位置，加快构建以公共交通为主体的城市机动化出行系统，积极发展快速公共汽车、现代有轨电车等大容量地面公共交通系统，科学有序推进城市轨道交通建设。近些年来，我国城镇化进程保持持续增长态势，截至2014年年底，全国城镇化率为54.77%，比2013年年末提高1.03%；全国城镇人口达到74916万人，比2013年年末增加1805万人。城镇化率和城镇人口的持续增长，带来了城市客运总量的持续增长，也对城市客运基础设施和服务品质提出了更高的要求。2010～2014年城镇化率与城市客运系统完成客运量情况见图2-4。

2014年，我国居民出行机动化继续保持快速发展态势，截至2014年年底，全国民用汽车保有量达到15447万辆，比2013年年末增长12.4%。民用轿车保有量8307万辆，比2013年年末增长16.6%；其中私人轿车7590万辆，比2013年年末增长18.4%。快速发展的居民出行机动化使缓解城市交通拥堵、减少汽车尾气排放的任务更加艰巨，要求进一步调整城市交通系统结构，改善绿色交通出行环境，优先发展城市公共交通，促进城市交通与城市发展相协调。

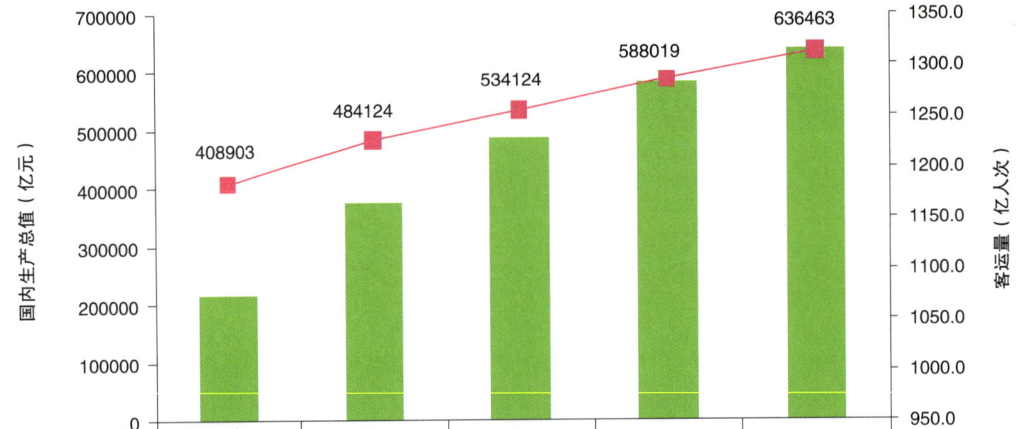

	2010年	2011年	2012年	2013年	2014年
客运量（亿人次）	1074.0	1165.5	1228.4	1283.4	1315.7
国内生产总值（亿元）	408903	484124	534124	588019	636463

图2-1　2010～2014年全国国内生产总值与城市客运系统完成客运量情况

注：数据来源于2010～2014年《国民经济和社会发展统计公报》、2010～2012年《公路水路交通运输业发展统计公报》、2013～2014年《交通运输行业发展统计公报》、2010～2014年《城市（县城）客运统计》。

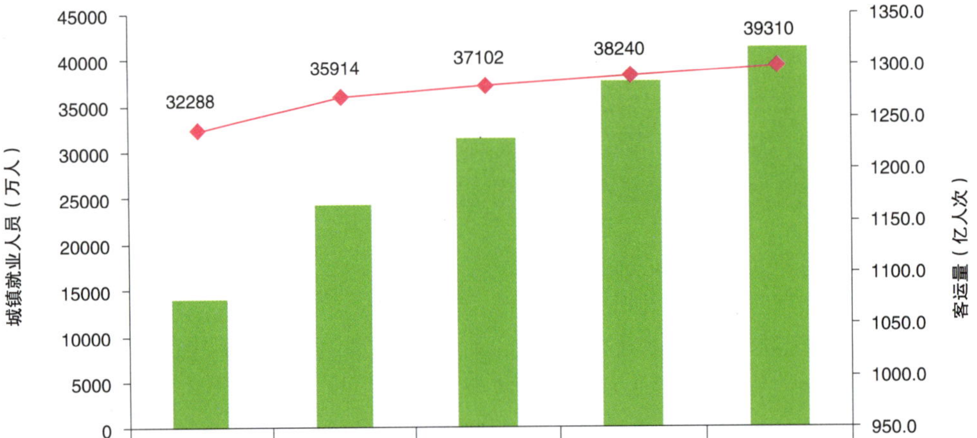

	2010年	2011年	2012年	2013年	2014年
客运量（亿人次）	1074.0	1165.5	1228.4	1283.4	1315.7
城市就业人员（万人）	32288	35914	37102	38240	39310

图2-2　2010～2014年全国城镇就业人员与城市客运系统完成客运量情况

注：数据来源于2010～2014年《国民经济和社会发展统计公报》、2010～2012年《公路水路交通运输业发展统计公报》、2013～2014年《交通运输行业发展统计公报》、2010～2014年《城市（县城）客运统计》。

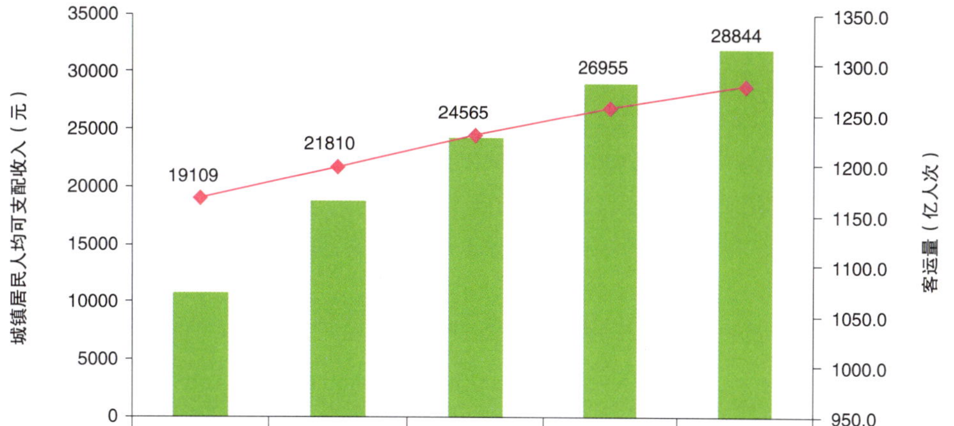

	2010年	2011年	2012年	2013年	2014年
客运量（亿人次）	1074.0	1165.5	1228.4	1283.4	1315.7
城镇居民人均可支配收入（元）	19109	21810	24565	26955	28844

图2-3　2010～2014年城镇居民人均可支配收入与城市客运系统完成客运量情况

注：数据来源于2010～2014年《国民经济和社会发展统计公报》、2010～2012年《公路水路交通运输业发展统计公报》、2013～2014年《交通运输行业发展统计公报》、2010~2014年《城市（县城）客运统计》。

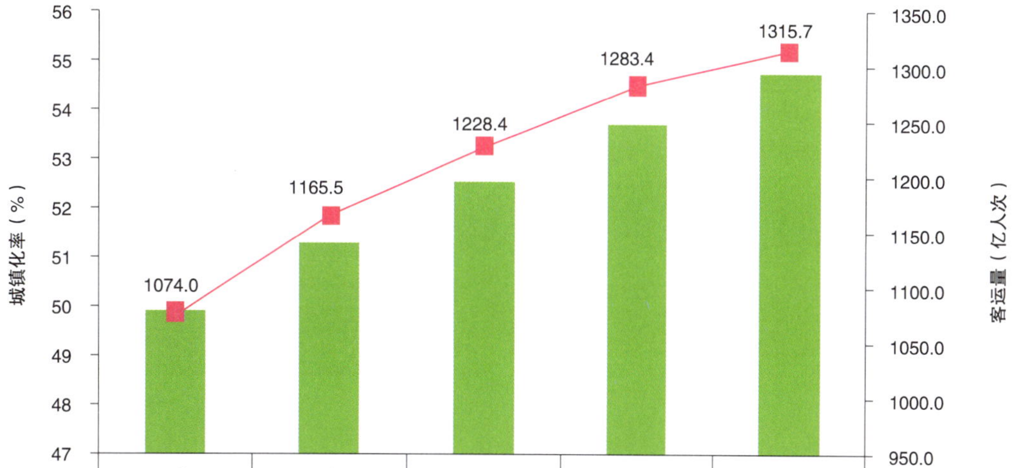

	2010年	2011年	2012年	2013年	2014年
城镇化率	49.95	51.30	52.57	53.73	54.77
客运量（亿人次）	1074.0	1165.5	1228.4	1283.4	1315.7

图2-4　2010～2014年城镇化率与城市客运系统完成客运量情况

注：数据来源于2010～2014年《国民经济和社会发展统计公报》、2010～2012年《公路水路交通运输业发展统计公报》、2013～2014年《交通运输行业发展统计公报》、2010～2014年《城市（县城）客运统计》。

第二节 政策制度环境

2014 年，国家进一步加大对城市客运的政策支持力度，深入推进公共交通体制改革，深化公交都市创建，出台了深化改革、规划编制、公交都市创建、标准规范、公共交通智能化、新能源汽车等方面的政策文件，为城市客运平稳、健康发展提供了有力政策保障。

一是全面深化城市客运体制机制改革。2014 年 12 月，交通运输部发布《关于全面深化交通运输改革的意见》(交政研发〔2014〕242 号)，明确了全面深化交通运输改革的指导思想、总目标和基本原则，以及 42 项具体改革任务和 150 多条改革举措。在城市客运领域，提出探索公共交通引导城市合理发展模式，完善城市交通拥堵综合治理机制；改革公共交通管理体制，推动公共交通与城市土地使用一体化规划；完善城市公共交通资源配置机制，引导公共交通企业规模经营、适度竞争；完善城市公共交通发展绩效评价体系；健全城乡和跨区域公共交通衔接机制；从市场化的角度去改革出租汽车行业，推进服务质量招投标等方式配置经营权等。

二是强化城市公共交通规划编制的指导。2014 年 11 月，《交通运输部关于印发〈城市公共交通规划编制指南〉的通知》(交运发〔2014〕236 号)发布，明确科学编制城市公共交通规划的主要内容、技术要点、主要成果等要求，为指导各地科学编制城市公共交通规划，发挥规划的引领作用奠定良好基础。

三是深入推进公交都市创建。在对公交都市创建城市给予城市综合客运枢纽建设、城市智能公交系统建设、快速公交运行监测系统建设以及清洁能源公交车辆推广应用等四方面支持政策的基础上，2014 年 7 月，《交通运输部办公厅关于落实公交都市创建城市支持政策推进城市综合客运枢纽建设有关事项的通知》(交办发〔2014〕149 号)发布，对公交都市创建城市的综合客运枢纽建设提出了具体支持政策，推动相关工作落地。

四是加强城市客运标准规范工作。2014 年 8 月，《交通运输部关于加强和改进交通运输标准化工作的意见》发布，明确了行业标准化的指导思想和总体目标，提出了若干意见，并明确了相应的保障措施。突出强调加快包括城市客运在内的三个领域的技术标准制定。组织全国城市客运标准化技术委员会研究制定《城市客运标准体系(2014 年)》，编制完成约 20 项城市客运行业发展急需的标准。

五是推进城市公共交通智能化工作。2014 年 3 月，交通运输部印发《关于做好〈城市公共交通 IC 卡技术规范(试行)〉验证工作的通知》(交运发〔2014〕74 号)，为推动出台城市公共交通 IC 卡相关技术标准、实现一卡通的互联互通提供保障。2014 年 4 月，交通运输部办公厅印发了《关于加快推进城市公共交通智能化应用示范工程建设有关事项的通知》，明确支持太原、石家庄、青岛等 26 个城市开展第二批示范工程建设，并明确了相关工作要求。2014 年 5 月，《交通运输部办公厅关于印发城市公共交通智能化应用示范工程建设指南的通知》发布，进一步加强了对城市公共交通智能化应用示范工程建设的技术指导。

六是积极推广应用新能源汽车。2014 年 7 月，《国务院办公厅关于新能源汽车推广应用的指导意见》(国办发〔2014〕25 号)发布，明确了推进新能源汽车发展的指导思想、基本原则、发展政策和保障机制，是加快新能源汽车推广应用的重要纲领。2014 年 9 月，《交通运输部关于加快新能源汽车推广应用的实施意见(征求意见稿)》发布，公开征求意见。

行业篇

URBAN PASSENGER TRANSPORT SECTOR

第三章　公共汽电车

截至 2014 年年底，全国共有公共汽电车经营企业 3665 户，从业人员 128.0 万人，运营线路 45052 条，运营总里程 346.7 亿公里，公共汽电车全年共完成客运量 781.9 亿人次。2014 年全国公共汽电车发展情况见表 3-1。

2014年全国公共汽电车发展情况　　表3-1

项目 / 年度	场站面积（万平方米）	公交专用车道长度（公里）	运营线路长度（万公里）	运营线路数（条）	运营车辆数（标台）	经营企业数（户）	从业人数（万人）	运营里程（万公里）	客运量（亿人次）
2014 年全国公共汽电车情况	6419.7	6897.3	81.8	45052	597855	3665	128.0	3466881	781.9
2014 年比 2013 年同比增长率（%）	5.0	17.1	9.2	7.9	4.3	7.3	−3.2	−0.6	1.4

注：数据来源于2014年《交通运输行业发展统计公报》、《城市（县城）客运统计》。

第一节　基础设施

一、场站设施

截至 2014 年年底，全国公共汽电车场站[1]面积为 6419.7 万平方米，较 2013 年增长 5.0%，见图 3-1。

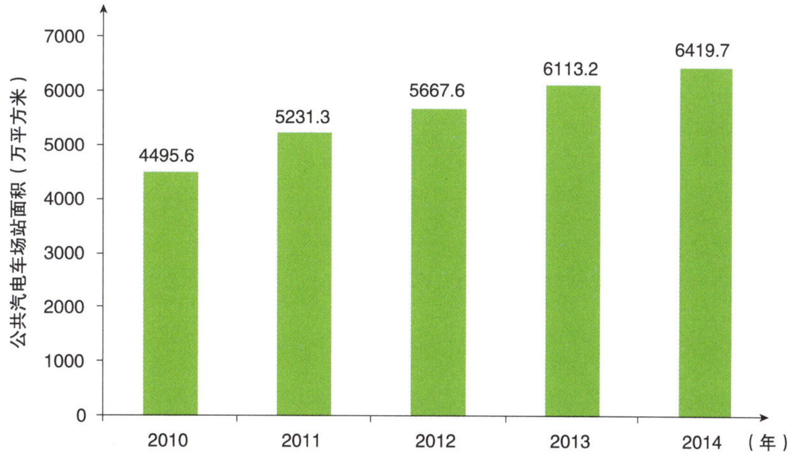

图3-1　2010～2014年全国公共汽电车场站面积变化情况

注：数据来源于 2010 ～ 2012《公路水路交通运输业发展统计公报》、2013 ～ 2014《交通运输行业发展统计公报》、2010 ～ 2014《城市（县城）客运统计》。

[1] 公共汽电车场站包含保养场和停车场。保养场主要指为公共汽电车提供车辆养护、保修的场所；停车场主要指公交企业所属或租赁的运营车辆停车场地。

2014 年，全国公共汽电车场站面积为 6419.7 万平方米；车均场站面积 107.4 平方米 / 标台，约为《城市道路公共交通站、场、厂工程设计规范》（CJJ/T15—2011）推荐面积（200 平方米 / 标台）的 53.7%，比 2013 年增加 0.7%。2014 年，车均场站面积超过平均水平的有 13 个省（自治区、直辖市），具体数据见图 3-2 和表 3-2。

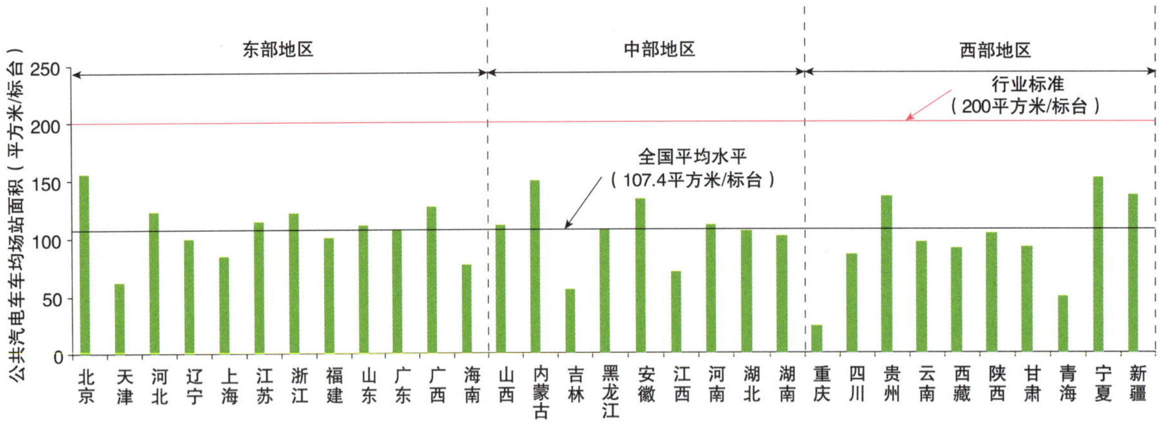

图3-2　2014年全国31个省（自治区、直辖市）公共汽电车车均场站面积情况

注：数据来源于2014年《城市（县城）客运统计》。

2014年全国31个省（自治区、直辖市）公共汽电车场站面积情况　　表3-2

东部地区	场站面积（万平方米）	车均场站面积（平方米/标台）	中部地区	场站面积（万平方米）	车均场站面积（平方米/标台）	西部地区	场站面积（万平方米）	车均场站面积（平方米/标台）
北京	539.5	156.3	山西	129.2	111.1	重庆	32.2	23.8
天津	78.2	61.4	内蒙古	155.4	149.4	四川	280.2	85.1
河北	267.0	122.8	吉林	68.0	55.3	贵州	111.5	135.6
辽宁	266.7	99.3	黑龙江	207.3	106.8	云南	134.6	96.3
上海	168.1	84.7	安徽	274.8	134.1	西藏	6.1	90.8
江苏	501.0	114.3	江西	73.6	70.4	陕西	154.2	103.6
浙江	404.6	122.0	河南	281.2	111.3	甘肃	64.9	92.2
福建	167.1	100.4	湖北	238.4	105.2	青海	19.1	49.2
山东	499.7	111.2	湖南	221.6	101.1	宁夏	61.7	152.1
广东	660.1	107.0				新疆	179.7	136.7
广西	147.3	127.1						
海南	26.6	76.5						

注：数据来源于2014年《城市（县城）客运统计》。

2010 ~ 2014 年全国 31 个省（自治区、直辖市）公共汽电车车均场站面积年均增长 2.3%，其中，北京市和西藏自治区[1]为年均增长最快的省份。另外，有 16 个省（自治区、直辖市）因公交车数量增加，车均场站面积呈现负增长，场站建设有待进一步加强，具体数据见图 3-3。

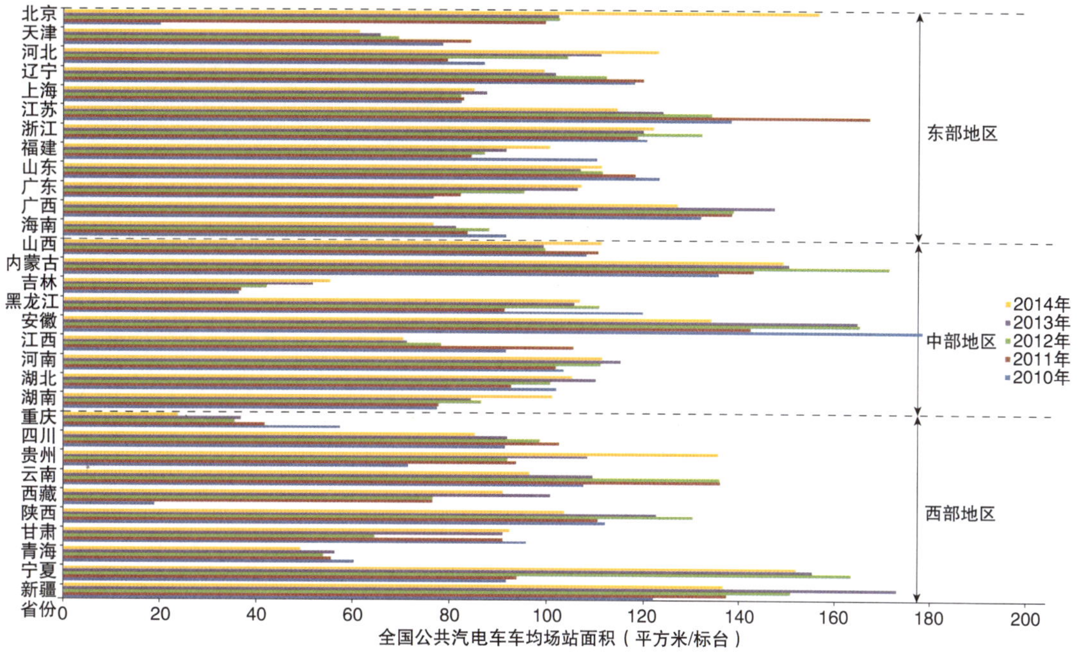

图3-3　2010 ~ 2014年全国31个省（自治区、直辖市）公共汽电车车均场站面积情况

注：数据来源于 2014 年《城市（县城）客运统计》。

2014 年 36 个中心城市公共汽电车场站面积占全国公共汽电车场站面积总量的 44.9%，有 15 个城市的车均场站面积超过全国平均水平。其中，呼和浩特的公共汽电车车均场站面积为 204.3 平方米 / 标台，超过行业标准推荐值 200 平方米 / 标台。2014 年全国 36 个中心城市公共汽电车（车均）场站面积情况见表 3-3 和图 3-4，2010~2014 年全国 36 个中心城市公共汽电车车均场站面积情况见图 3-5。

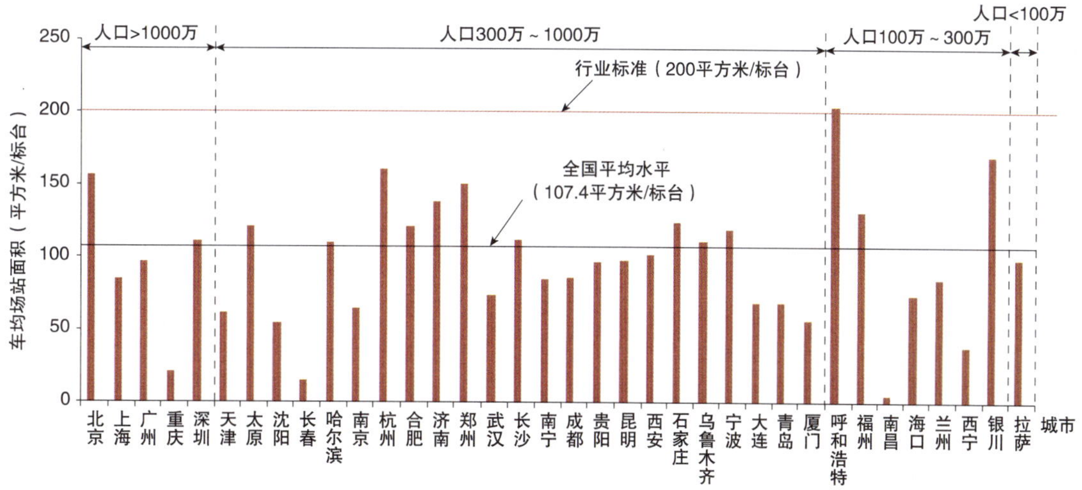

图3-4　2014年全国36个中心城市公共汽电车车均场站面积情况

注：数据来源于 2014 年《城市（县城）客运统计》。

[1] 自 2011 年起，西藏自治区部分公共汽电车改为不收费车辆，不再计入运营车辆统计之中，因此较 2010 年车辆数有所减少。

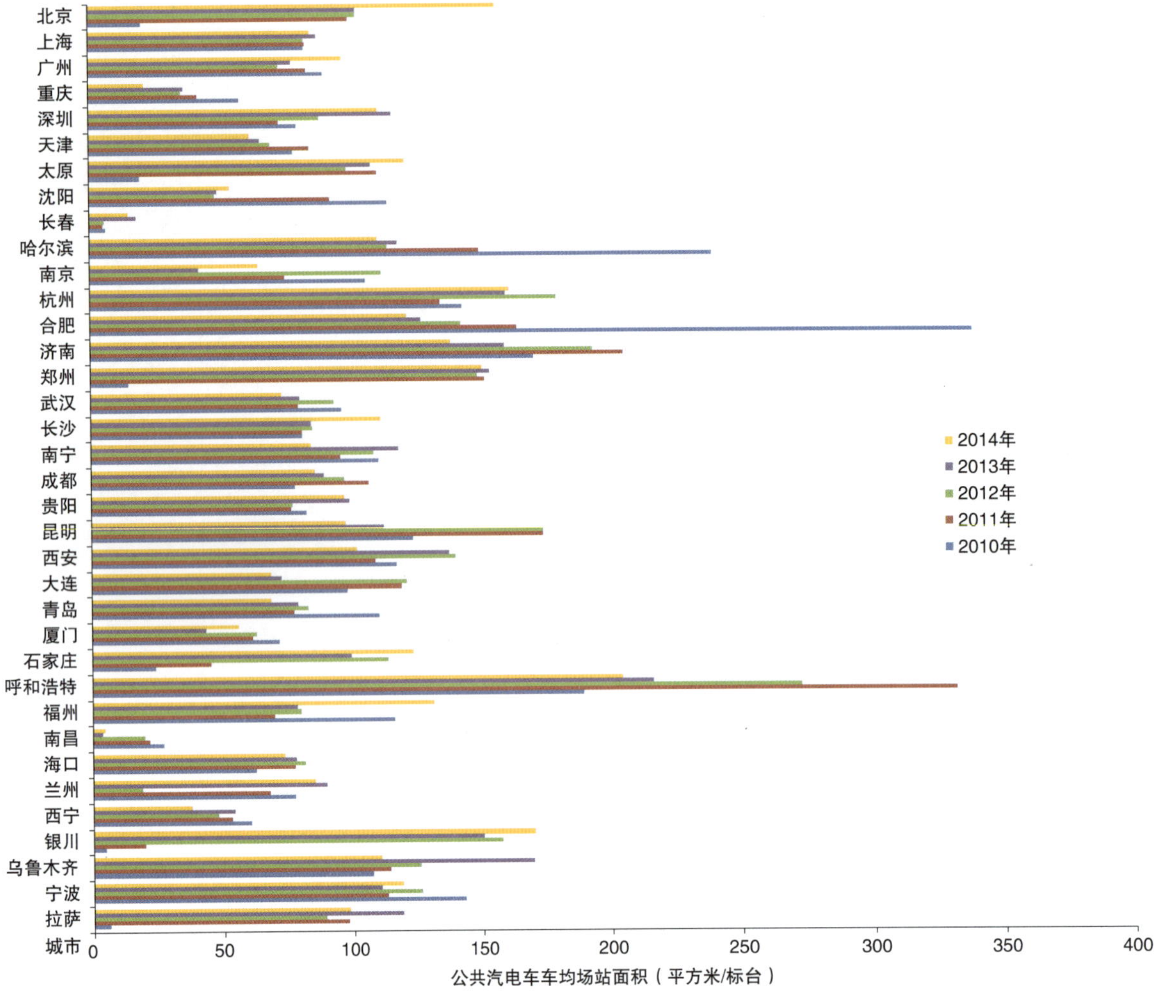

图3-5 2010～2014年全国36个中心城市公共汽电车车均场站面积情况

注：数据来源于 2010 ～ 2014 年《城市（县城）客运统计》。

2014年全国36个中心城市公共汽电车场站面积情况 表3-3

市区人口规模（万人）	城市	场站面积合计（万平方米）	车均场站面积（平方米/标台）	市区人口规模（万人）	城市	场站面积合计（万平方米）	车均场站面积（平方米/标台）
＞1000	北京	539.5	156.3	300 ～ 1000	成都	129.4	85.8
	上海	168.1	84.7		贵阳	31.8	97.0
	广州	159.4	96.8		昆明	65.0	97.5
	重庆	25.5	21.1		西安	91.9	102.0
	深圳	197.6	111.0		石家庄	65.6	123.9
300 ～ 1000	天津	78.2	61.4		乌鲁木齐	65.4	111.1
	太原	42.9	121.1		宁波	65.7	119.1

续上表

市区人口规模（万人）	城市	场站面积合计（万平方米）	车均场站面积（平方米/标台）	市区人口规模（万人）	城市	场站面积合计（万平方米）	车均场站面积（平方米/标台）
100 ~ 300	沈阳	38.6	53.9	100 ~ 300	大连	44.0	68.9
	长春	8.1	15.1		青岛	57.4	68.8
	哈尔滨	87.0	110.4		厦门	30.7	56.4
	南京	65.8	64.3		呼和浩特	53.3	204.3
	杭州	166.2	160.8		福州	57.3	131.2
	合肥	66.1	121.6		南昌	1.9	4.8
	济南	87.7	138.2		海口	13.8	73.6
	郑州	124.5	150.2		兰州	24.1	85.1
	武汉	75.3	73.4		西宁	8.4	37.8
	长沙	73.6	111.5		银川	32.4	170.1
	南宁	32.2	84.4	＜100	拉萨	5.0	98.4

注：数据来源于2014年《城市（县城）客运统计》。

二、公交专用车道

截至 2014 年年底，全国共有 29 个省（自治区、直辖市）开通公交专用车道，公交专用车道总长度达 6897.3 公里，比 2013 年增长 17.1%。从 2010 年到 2014 年，全国公交专用车道长度呈现逐年递增的趋势，近 5 年年均增长 16.6%，具体数据见图 3-6。

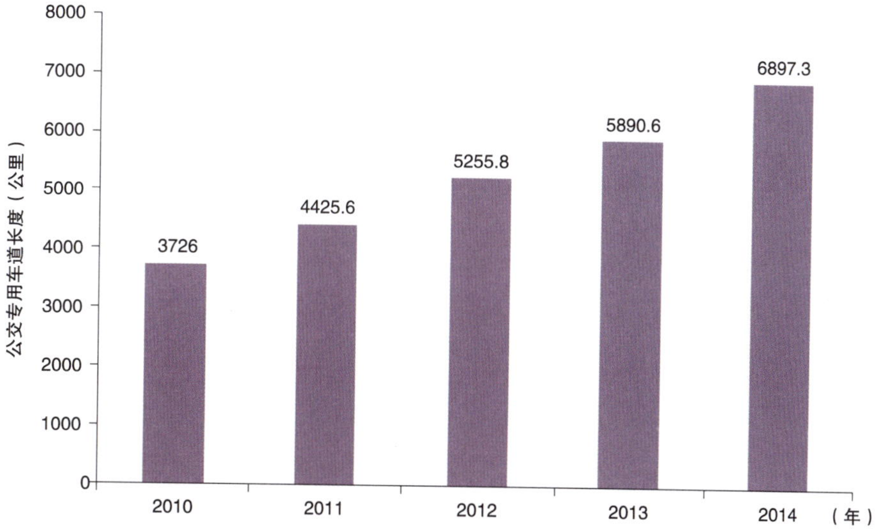

图3-6　2010～2014年全国公交专用车道长度情况

注：数据来源于 2010 ～ 2014 年《城市（县城）客运统计》。

2014 年，全国各省公交专用车道平均长度为 222.5 公里，全国 31 个省（自治区、直辖市）中，公交专用车道长度前 5 位的省份依次为广东、江苏、山东、辽宁、浙江。其中广东为 1034.8 公里，是 2010 年公交专用车道长度的 2.2 倍，年均增长 22.3%。2010 ~ 2014 年全国 31 个省（自治区、直辖市）公交专用车道长度见图 3-7 和表 3-4。

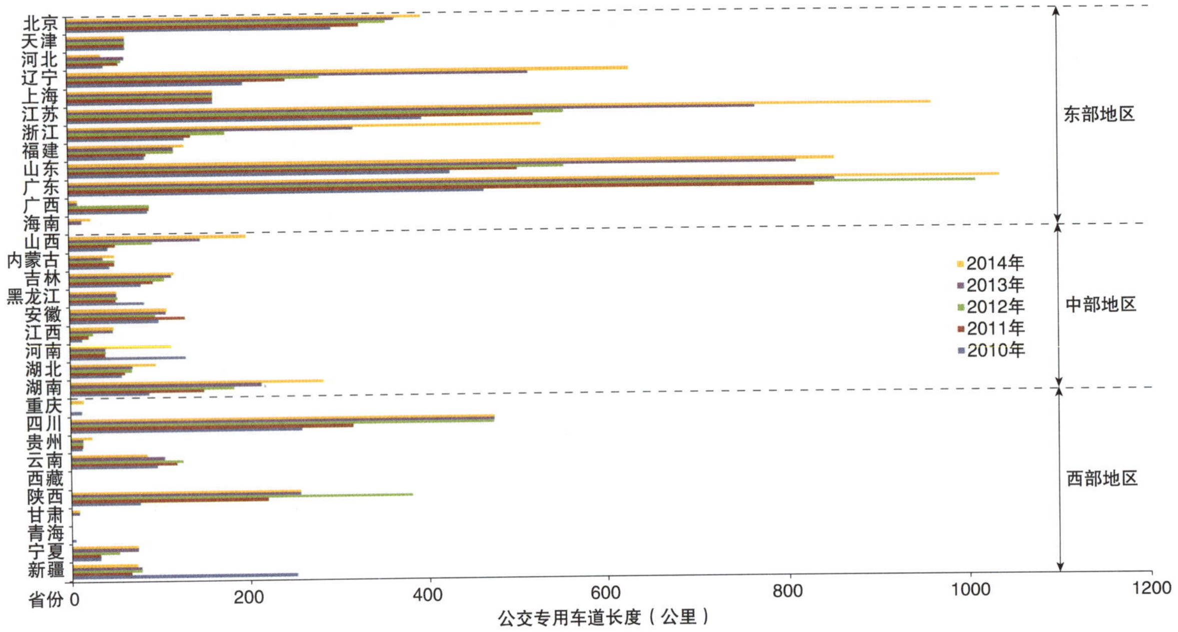

图3-7 2010～2014年全国31个省（自治区、直辖市）公交专用车道长度情况

注：数据来源于 2010 ~ 2014 年《城市（县城）客运统计》。

2014年全国31个省（自治区、直辖市）公交专用车道长度情况 **表3-4**

东部地区	公交专用车道长度（公里）	中部地区	公交专用车道长度（公里）	西部地区	公交专用车道长度（公里）
北京	394.8	山西	197.0	重庆	15.0
天津	65.0	内蒙古	50.7	四川	474.0
河北	37.9	吉林	116.6	贵州	23.9
辽宁	626.9	黑龙江	52.9	云南	85.0
上海	161.8	安徽	108.6	西藏	—
江苏	959.2	江西	48.7	陕西	255.3
浙江	528.0	河南	112.7	甘肃	8.9
福建	129.2	湖北	95.0	青海	—
山东	852.1	湖南	281.6	宁夏	74.3
广东	1034.8			新疆	72.6
广西	9.8				
海南	25.0				

注：数据来源于2014年《城市（县城）客运统计》。

截至2014年年底，全国36个中心城市中已有33个城市开通公交专用车道，累计长度为3972.1公里，占全国公交专用车道总长度的57.6%。2010～2014年全国36个中心城市公交专用车道长度见图3-8，2014年全国36个中心城市公交专用车道长度见表3-5。

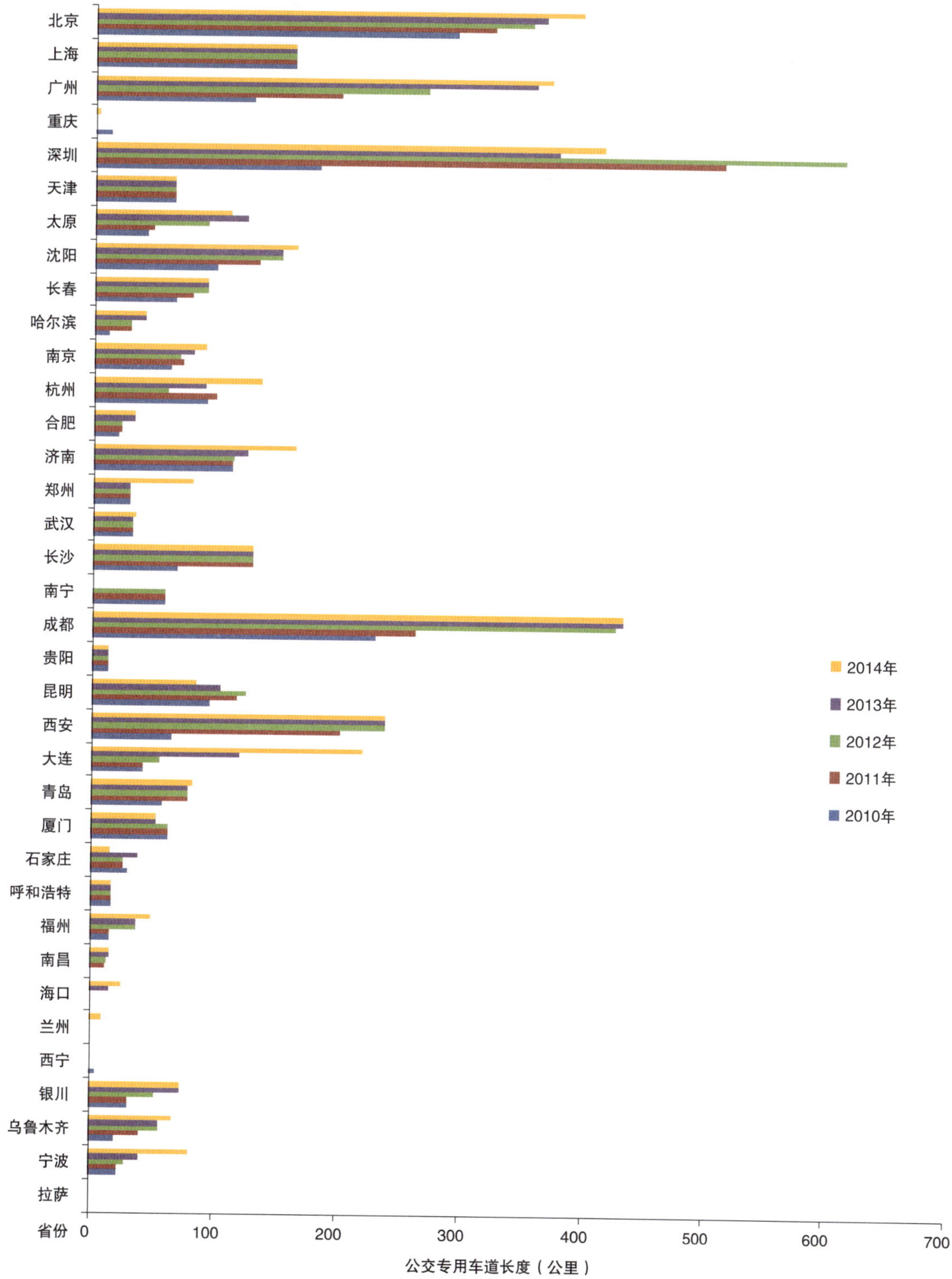

图3-8　2010～2014年全国36个中心城市公交专用车道长度情况

注：数据来源于2010～2014年《城市（县城）客运统计》。

2014年全国36个中心城市公交专用车道长度情况 表3-5

市区人口规模（万人）	城市	2014年长度（公里）	同比增长率（%）	市区人口规模（万人）	城市	2014年长度（公里）	同比增长率（%）
＞1000	北京	394.8	8.0	300～1000	成都	431.8	0.0
	上海	161.8	0.0		贵阳	13.4	0.0
	广州	370.0	3.5		昆明	85.0	–19.0
	重庆	3.5	—		西安	238.8	0.0
	深圳	412.9	9.8		石家庄	16.0	–59.0
300～1000	天津	65.0	0.0		乌鲁木齐	67.6	18.2
	太原	111.0	–10.5		宁波	81.2	96.6
	沈阳	164.9	8.4		大连	220.6	83.2
	长春	93.0	0.0		青岛	83.0	5.1
	哈尔滨	41.9	0.0		厦门	53.2	0.0
	南京	91.0	12.3	100～300	呼和浩特	17.0	0.0
	杭州	136.0	49.5		福州	50.0	31.6
	合肥	34.1	0.0		南昌	15.3	0.0
	济南	164.5	31.0		海口	25.0	66.7
	郑州	82.0	173.3		兰州	8.9	0.0
	武汉	35.0	8.0		西宁	—	—
	长沙	129.6	0.0		银川	74.3	0.0
	南宁	—	—	＜100	拉萨	—	—

注：数据来源于2014年《城市（县城）客运统计》。

第二节　运营线路

截至2014年年底，全国共有公共汽电车运营线路45052条，比2013年增长7.9%。全国公共汽电车运营线路保持稳定增长，2010～2014年全国31个省（自治区、直辖市）公共汽电车运营线路条数年均增长7.6%，见图3-9。

2014年全国36个中心城市中17个城市的万人拥有公共汽电车运营线路数超过全国平均值（0.6条/万人），其中宁波市最高，万人平均拥有公共汽电车运营线路1.3条/万人，见图3-10。有多个城市的万人拥有公共汽电车运营线路长度超过全国平均水平（10.4公里/万人），其中杭州为19.7公里/万人，宁波为28.1公里/万人，昆明为20.6公里/万人，见表3-6。

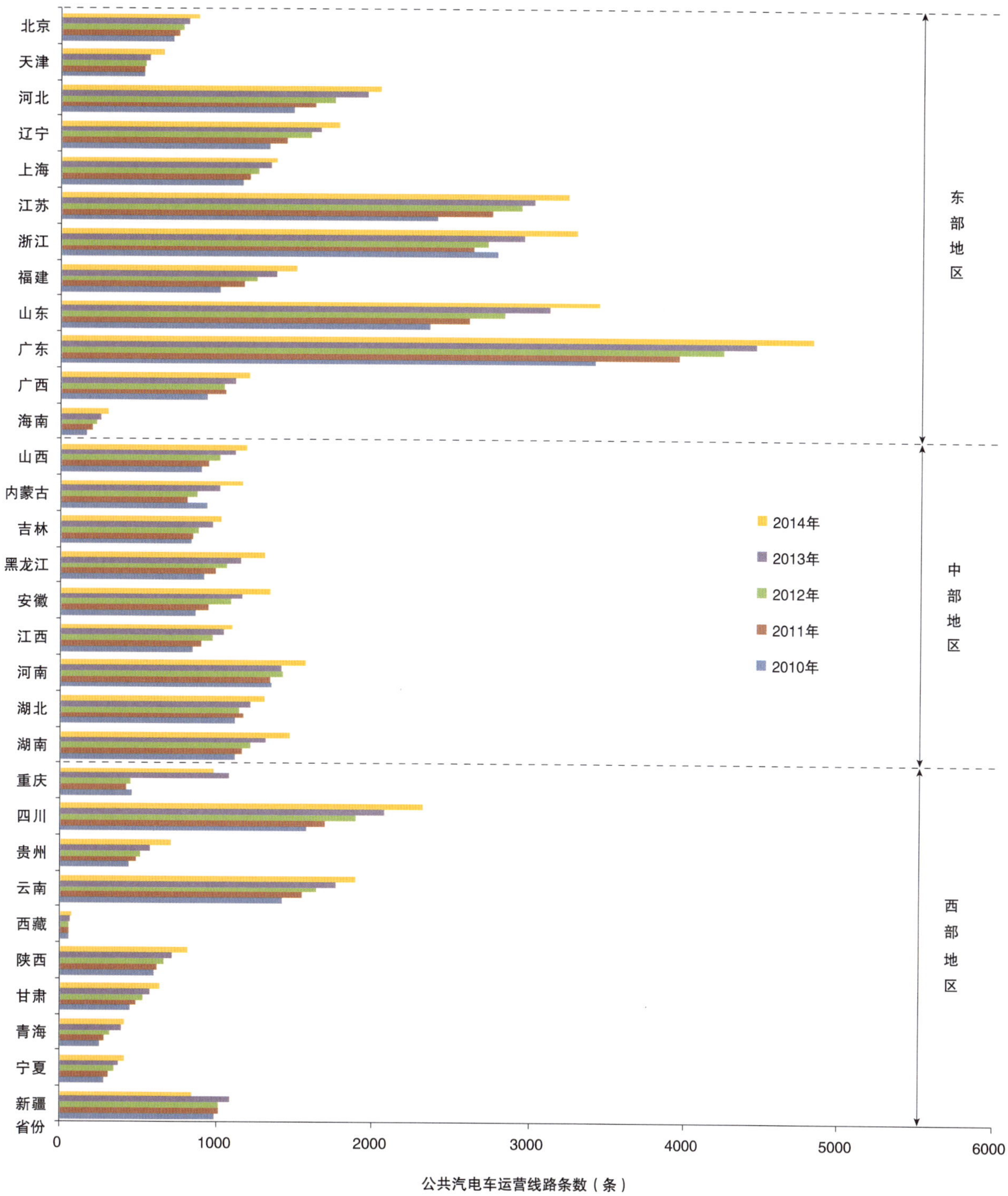

图3-9　2010～2014年全国31个省（自治区、直辖市）公共汽电车运营线路条数情况

注：数据来源于 2010 ～ 2014 年《城市（县城）客运统计》。

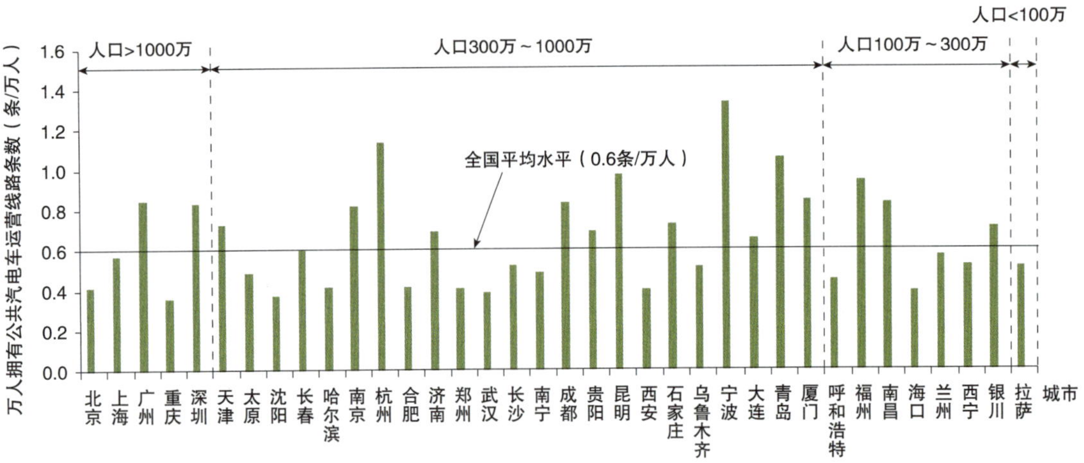

图3-10　2014年全国36个中心城市万人拥有公共汽电车运营线路条数情况

注：数据来源于 2014 年《城市（县城）客运统计》。

2014年全国36个中心城市万人拥有公共汽电车运营线路长度情况　　表3-6

市区人口（万人）	城市	运营线路长度（公里）	市区人口（万人）	万人拥有运营线路长度（公里/万人）	市区人口（万人）	城市	运营线路长度（公里）	市区人口（万人）	万人拥有运营线路长度（公里/万人）
＞1000	北京	20249.0	2114.8	9.6	300～1000	成都	7125.0	609.1	11.7
	上海	23897.0	2415.2	9.9		贵阳	3336.0	338.7	9.8
	广州	18762.0	1333.7	14.1		昆明	10396.0	504.1	20.6
	重庆	11989.0	2097.0	5.7		西安	6125.0	659.2	9.3
	深圳	20270.0	1062.9	19.1		石家庄	3761.0	306.1	12.3
300～1000	天津	14881.0	902.1	16.5		乌鲁木齐	2722.0	304.5	8.9
	太原	2880.0	360.0	8.0		宁波	8773.0	312.3	28.1
	沈阳	4113.0	582.6	7.1		大连	3376.0	323.2	10.4
	长春	4348.0	416.1	10.5		青岛	7558.0	366.4	20.6
	哈尔滨	4673.0	506.6	9.2		厦门	6106.0	405.0	15.1
	南京	8792.0	678.9	13.0	100～300	呼和浩特	1871.0	223.8	8.4
	杭州	11885.0	603.7	19.7		福州	4111.0	242.6	16.9
	合肥	2603.0	413.8	6.3		南昌	3924.0	248.5	15.8
	济南	4310.0	360.4	12.0		海口	2199.0	266.7	8.2
	郑州	4652.0	777.1	6.0		兰州	1698.0	216.6	7.8
	武汉	6779.0	954.5	7.1		西宁	1181.0	141.0	8.4
	长沙	3173.0	316.5	10.0		银川	1755.0	129.4	13.6
	南宁	3033.0	328.1	9.2	＜100	拉萨	629.0	58.0	10.8

注：数据来源于2014年《城市（县城）客运统计》。

截至2014年年底，全国公共汽电车运营线路长度81.8万公里，平均每条线路长度为18.2公里/条。其中，广东省公共汽电车运营线路长度9.8万公里，为全国各省市之首；山东省单条公共汽电车运营线路平均长度为23.8公里/条，为全国各省市之首。2010～2014年我国31个省（自治区、直辖市）公共汽电车运营线路长度见图3-11，2014年全国31个省（自治区、直辖市）公共汽电车运营线路长度及单条线路平均长度见表3-7。

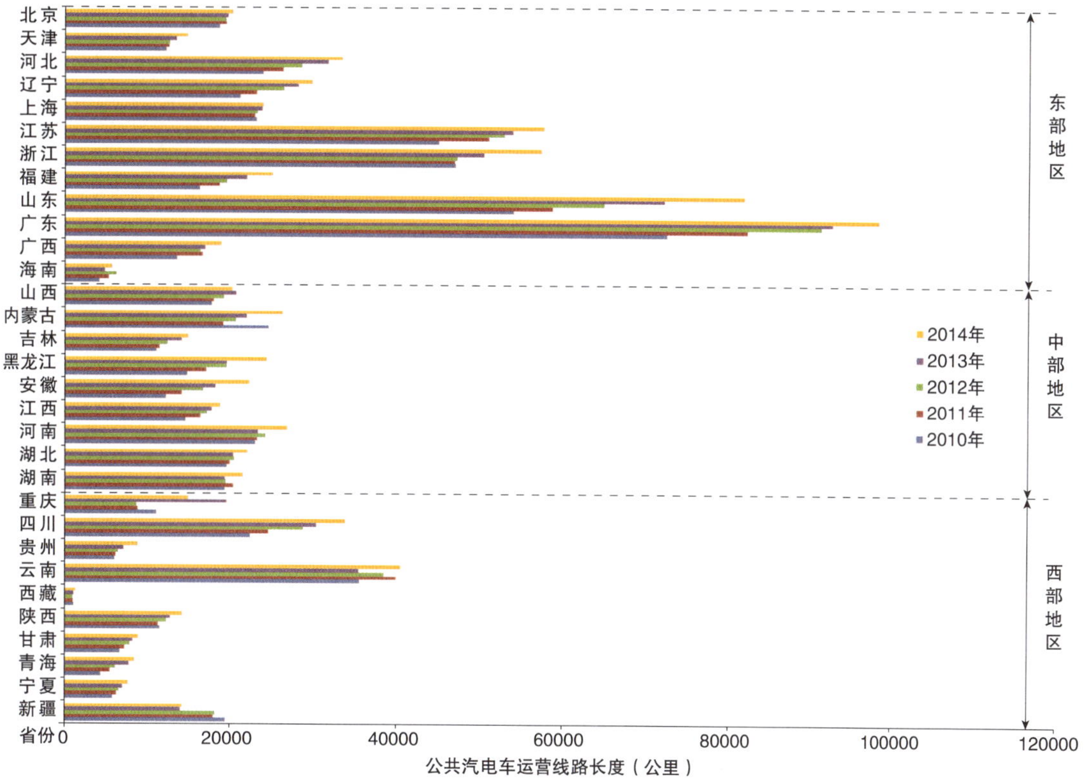

图3-11　2010～2014年全国31个省（自治区、直辖市）公共汽电车运营线路长度情况

注：数据来源于2010～2014年《城市（县城）客运统计》。

2014年全国31个省（自治区、直辖市）公共汽电车运营线路长度及单条线路平均长度情况　　**表3-7**

东部地区	运营线路长度（公里）	运营线路条数（条）	单条线路平均长度（公里/条）	中部地区	运营线路长度（公里）	运营线路条数（条）	单条线路平均长度（公里/条）	西部地区	运营线路长度（公里）	运营线路条数（条）	单条线路平均长度（公里/条）
北京	20249	877	23.1	山西	20279	1188	17.1	重庆	14986	977	15.3
天津	14881	657	22.6	内蒙古	26233	1160	22.6	四川	33872	2316	14.6
河北	33365	2041	16.3	吉林	14928	1029	14.5	贵州	8843	705	12.5
辽宁	29724	1772	16.8	黑龙江	24312	1309	18.6	云南	40482	1893	21.4
上海	23897	1377	17.4	安徽	22316	1345	16.6	西藏	1304	72	18.1
江苏	57734	3233	17.9	江西	18763	1098	17.1	陕西	14323	812	17.6

续上表

东部地区	运营线路长度（公里）	运营线路条数（条）	单条线路平均长度（公里/条）	中部地区	运营线路长度（公里）	运营线路条数（条）	单条线路平均长度（公里/条）	西部地区	运营线路长度（公里）	运营线路条数（条）	单条线路平均长度（公里/条）
浙江	57353	3287	17.4	河南	26774	1566	17.1	甘肃	9024	631	14.3
福建	24968	1505	16.6	湖北	22093	1310	16.9	青海	8560	409	20.9
山东	81902	3437	23.8	湖南	21506	1468	14.6	宁夏	7724	405	19.1
广东	98474	4823	20.4					新疆	14277	844	16.9
广西	18886	1208	15.6								
海南	5752	298	19.3								

注：数据来源于2014年《城市（县城）客运统计》。

2014年，全国36个中心城市中有17个城市的公共汽电车单条线路平均长度大于全国平均水平（18.2公里/条），其中，西安的公共汽电车单条线路平均长度为23.2公里/条，北京的单条线路平均长度为23.1公里，见图3-12和表3-8。

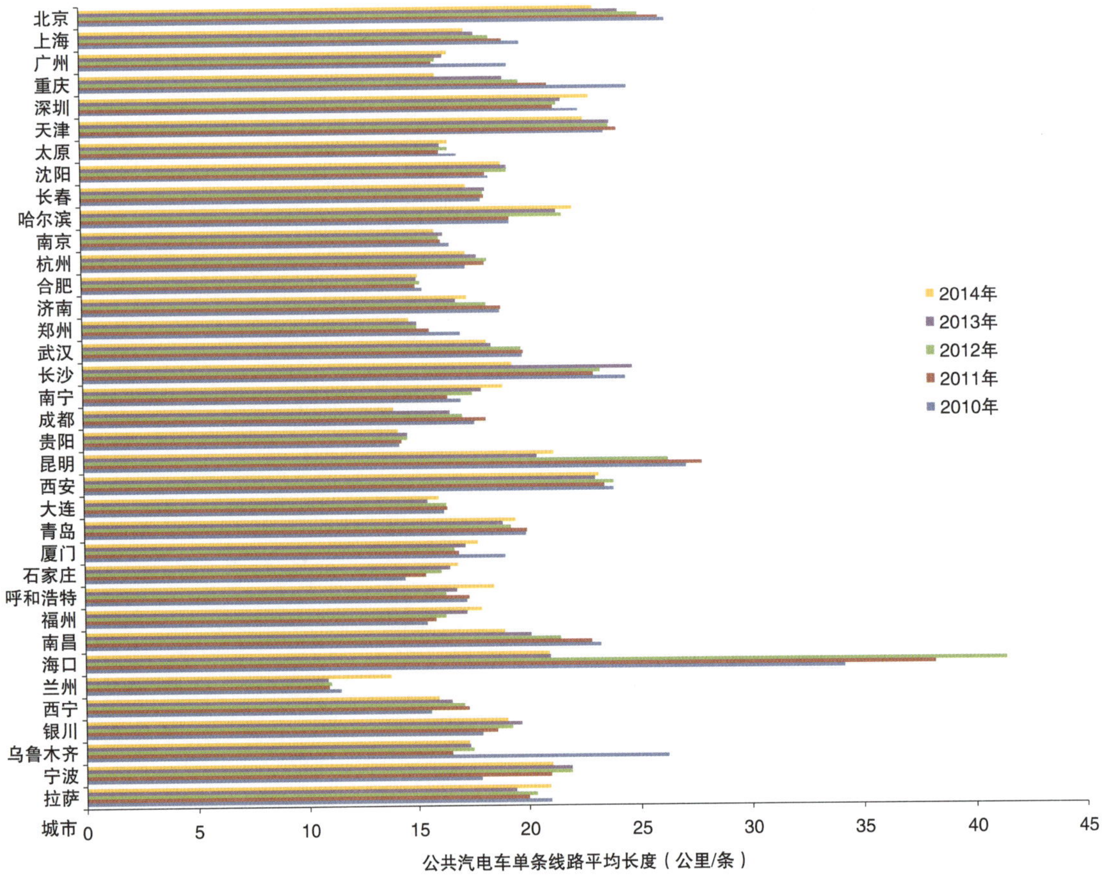

图3-12　2010～2014年全国36个中心城市公共汽电车单条线路平均长度情况

注：数据来源于2010～2014年《城市（县城）客运统计》。

2014年全国36个中心城市公共汽电车运营线路情况 **表3-8**

市区人口规模（万人）	城市	运营线路长度（公里）	运营线路条数（条）	单条线路平均长度（公里/条）	市区人口规模（万人）	城市	运营线路长度（公里）	运营线路条数（条）	单条线路平均长度（公里/条）
＞ 1000	北京	20249.0	877.0	23.1	300 ~ 1000	成都	7125.0	508.0	14.0
	上海	23897.0	1377.0	17.4		贵阳	3336.0	235.0	14.2
	广州	18762.0	1131.0	16.6		昆明	10396.0	490.0	21.2
	重庆	11989.0	750.0	16.0		西安	6125.0	264.0	23.2
	深圳	20270.0	886.0	22.9		石家庄	3761.0	223.0	16.9
300 ~ 1000	天津	14881.0	657.0	22.6		乌鲁木齐	2722.0	157.0	17.3
	太原	2880.0	174.0	16.6		宁波	8773.0	417.0	21.0
	沈阳	4113.0	217.0	19.0		大连	3376.0	211.0	16.0
	长春	4348.0	250.0	17.4		青岛	7558.0	388.0	19.5
	哈尔滨	4673.0	211.0	22.1		厦门	6106.0	343.0	17.8
	南京	8792.0	553.0	15.9	100 ~ 300	呼和浩特	1871.0	101.0	18.5
	杭州	11885.0	686.0	17.3		福州	4111.0	229.0	18.0
	合肥	2603.0	172.0	15.1		南昌	3924.0	207.0	19.0
	济南	4310.0	248.0	17.4		海口	2199.0	105.0	20.9
	郑州	4652.0	316.0	14.7		兰州	1698.0	123.0	13.8
	武汉	6779.0	371.0	18.3		西宁	1181.0	74.0	16.0
	长沙	3173.0	164.0	19.3		银川	1755.0	92.0	19.1
	南宁	3033.0	160.0	19.0	＜ 100	拉萨	629.0	30.0	21.0

注：数据来源于2014年《城市（县城）客运统计》。

截至2014年年底，全国共有23个城市开通快速公交（BRT），运营线路长度达到2761公里，占全国公共汽电车运营线路总长度的0.3%，较2013年增长了8公里，增长率为0.3%。2014年全国快速公交（BRT）运营线路情况见表3-9。

2014年全国快速公交（BRT）运营线路情况 **表3-9**

城市	运营线路长度（公里）	城市	运营线路长度（公里）	城市	运营线路长度（公里）
北京	123.0	舟山	25.0	广州	764.0
大连	14.0	合肥	56.0	柳州	152.6
常州	221.9	厦门	92.0	成都	59.0
连云港	52.0	济南	97.0	兰州	9.0
盐城	156.0	枣庄	318.0	银川	21.0

续上表

城市	运营线路长度（公里）	城市	运营线路长度（公里）	城市	运营线路长度（公里）
大丰	45.0	济宁	56.0	乌鲁木齐	68.0
杭州	113.0	郑州	82.0	中山	66.1
绍兴	53.0	常德	117.4		

注：数据来源于2014年《城市（县城）客运统计》。

第三节　运营车辆

截至2014年年底，全国公共汽电车运营车辆总数为52.9万辆（折合59.8万标台）。比2013年增长3.8%（折合标台增长4.3%），2014年我国公共汽电车运营车辆数，东部地区共有33.1万标台，占全国公共汽电车运营车辆总量的55.4%；中部地区共有15.4万标台，占全国公共汽电车运营车辆总量的25.8%；西部地区共有11.2万标台，占全国公共汽电车运营车辆总量的18.8%。2014年全国31个省（自治区、直辖市）拥有公共汽电车运营车辆数见表3-10。

2014年全国31个省（自治区、直辖市）公共汽电车运营车辆情况　　表3-10

省份		公共汽电车运营车辆数（辆）	公共汽电车运营车辆数（标台）	省份		公共汽电车运营车辆数（辆）	公共汽电车运营车辆数（标台）
全国		528803	597855	中部地区	黑龙江	17918	19406
东部地区	北京	23667	34511		安徽	18109	20497
	天津	11144	12738		江西	9472	10451
	河北	20754	21737		河南	23094	25257
	辽宁	22763	26871		湖北	19548	22653
	上海	16155	19835		湖南	19754	21911
	江苏	36665	43815	西部地区	重庆	12470	13551
	浙江	29826	33165		四川	28084	32918
	福建	15224	16640		贵州	7361	8222
	山东	39505	44956		云南	14096	13977
	广东	55360	61685		西藏	562	672
	广西	10752	11591		陕西	13200	14881
	海南	3221	3477		甘肃	7487	7036
中部地区	山西	10631	11625		青海	3901	3881
	内蒙古	10236	10405		宁夏	3795	4057
	吉林	12420	12286		新疆	11629	13150

注：数据来源于2014年《城市（县城）客运统计》。

截至 2014 年年底，全国万人公共汽电车保有量为 7.6 标台 / 万人，全国 36 个中心城市万人公共汽电车保有量超过全国平均水平的有 34 个城市，排在前 5 位的城市是成都、青岛、长沙、大连、乌鲁木齐，具体数据见图 3-13 和表 3-11。

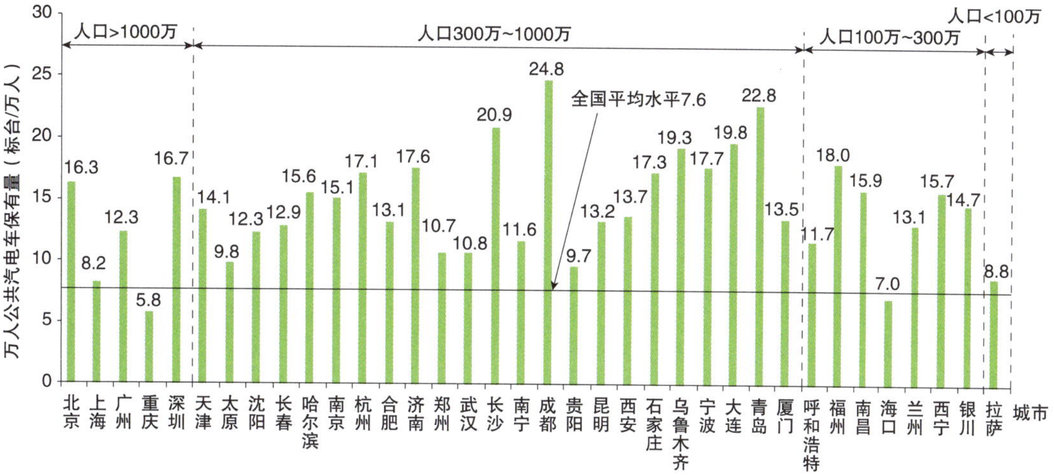

图3-13 2014年全国36个中心城市万人公共汽电车保有量情况

注：数据来源于2014年《城市（县城）客运统计》。

2014年全国36个中心城市万人公共汽电车保有量情况 **表3-11**

市区人口规模（万人）	城市	运营车辆数（标台）	市区人口（万人）	保有量（标台 / 万人）	市区人口规模（万人）	城市	运营车辆数（标台）	市区人口（万人）	保有量（标台 / 万人）
＞1000	北京	34511.0	2114.8	16.3	300 ~ 1000	成都	15085.0	609.1	24.8
	上海	19835.0	2415.2	8.2		贵阳	3279.0	338.7	9.7
	广州	16467.0	1333.7	12.3		昆明	6670.0	504.1	13.2
	重庆	12081.0	2097.0	5.8		西安	9007.0	659.2	13.7
	深圳	17797.0	1062.9	16.7		石家庄	5296.0	306.1	17.3
300 ~ 1000	天津	12738.0	902.1	14.1		乌鲁木齐	5889.0	304.5	19.3
	太原	3542.0	360.0	9.8		宁波	5516.0	312.3	17.7
	沈阳	7158.0	582.6	12.3		大连	6384.0	323.2	19.8
	长春	5350.0	416.1	12.9		青岛	8342.0	366.4	22.8
	哈尔滨	7884.0	506.6	15.6		厦门	5448.0	405.0	13.5

续上表

市区人口规模（万人）	城市	运营车辆数（标台）	市区人口（万人）	保有量（标台/万人）	市区人口规模（万人）	城市	运营车辆数（标台）	市区人口（万人）	保有量（标台/万人）
300～1000	南京	10239.0	678.9	15.1	100～300	呼和浩特	2609.0	223.8	11.7
	杭州	10333.0	603.7	17.1		福州	4366.0	242.6	18.0
	合肥	5438.0	413.8	13.1		南昌	3945.0	248.5	15.9
	济南	6346.0	360.4	17.6		海口	1875.0	266.7	7.0
	郑州	8289.0	777.1	10.7		兰州	2832.0	216.6	13.1
	武汉	10262.0	954.5	10.8		西宁	2220.0	141.0	15.7
	长沙	6600.0	316.5	20.9		银川	1905.0	129.4	14.7
	南宁	3817.0	328.1	11.6	＜100	拉萨	508.0	58.0	8.8

注：数据来源于2014年《城市（县城）客运统计》。

截至 2014 年年底，全国快速公交（BRT）运营车辆为 5333 辆，较 2013 年增长 849 辆，增长率为 18.9%，2014 年全国快速公交（BRT）运营车辆数见表 3-12。

2014年全国快速公交（BRT）运营车辆情况 表3-12

城市	运营车辆数（辆）	同比增长率（%）	城市	运营车辆数（辆）	同比增长率（%）
北京	319	–16.5	枣庄	143	0.0
大连	64	0.0	济宁	27	12.5
常州	442	19.5	郑州	1063	121.9
连云港	188	22.1	常德	72	0.0
盐城	156	4.0	广州	989	–1.1
大丰	11	22.2	柳州	115	0.0
杭州	160	0.0	成都	222	26.1
绍兴	36	20.0	兰州	70	0.0
舟山	30	0.0	银川	80	0.0
合肥	226	–3.4	乌鲁木齐	440	21.5
厦门	202	2.0	中山	81	—
济南	197	8.2			

注：数据来源于2014年《城市（县城）客运统计》。

一、车载设备

截至 2014 年年底，全国已安装车载卫星定位终端（GPS）的公共汽电车运营车辆为 39.0 万辆，占全部公共汽电车运营车辆的 73.8%，2010 ~ 2014 年全国公共汽电车运营车辆 GPS 安装率见图 3-14。GPS 安装率排在前 5 位的省（自治区、直辖市）依次为上海、江苏、西藏、重庆、贵州，具体数据见表 3-13。2010 ~ 2014 年全国 31 个省（自治区、直辖市）公共汽电车运营车辆 GPS 安装率见图 3-15。

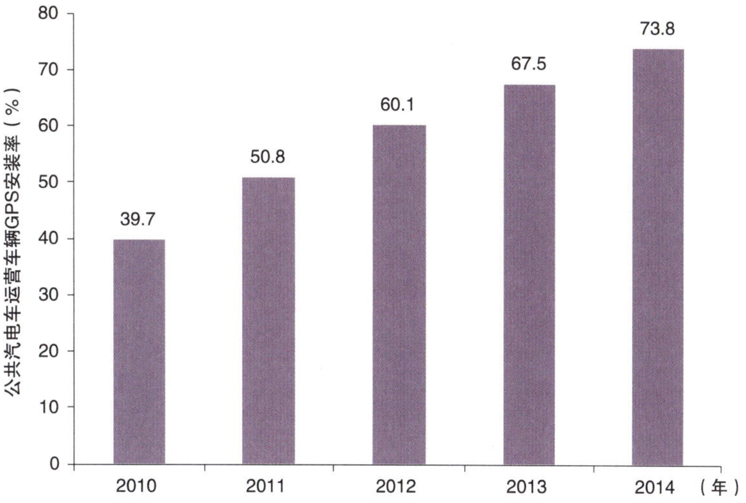

图3-14　2010 ~ 2014年全国公共汽电车运营车辆GPS安装率情况

注：数据来源于 2010 ~ 2014 年《城市（县城）客运统计》。

2014年全国31个省（自治区、直辖市）公共汽电车运营车辆GPS安装率情况　　表3-13

东部地区	安装 GPS 的公共汽电车运营车辆数（辆）	GPS 安装率（%）	中部地区	安装 GPS 的公共汽电车运营车辆数（辆）	GPS 安装率（%）	西部地区	安装 GPS 的公共汽电车运营车辆数（辆）	GPS 安装率（%）
北京	14868	62.8	山西	4779	45.0	重庆	11956	95.9
天津	7011	62.9	内蒙古	5491	53.6	四川	23966	85.3
河北	13408	64.6	吉林	4997	40.2	贵州	6486	88.1
辽宁	11239	49.4	黑龙江	9627	53.7	云南	10260	72.8
上海	16155	100.0	安徽	12986	71.7	西藏	548	97.5
江苏	35898	97.9	江西	6861	72.4	陕西	5852	44.3
浙江	26011	87.2	河南	13978	60.5	甘肃	5039	67.3
福建	10798	70.9	湖北	15843	81.0	青海	2376	60.9
山东	31952	80.9	湖南	10415	52.7	宁夏	2906	76.6
广东	48772	88.1				新疆	8772	75.4
广西	7973	74.2						
海南	2837	88.1						

注：数据来源于2014年《城市（县城）客运统计》。

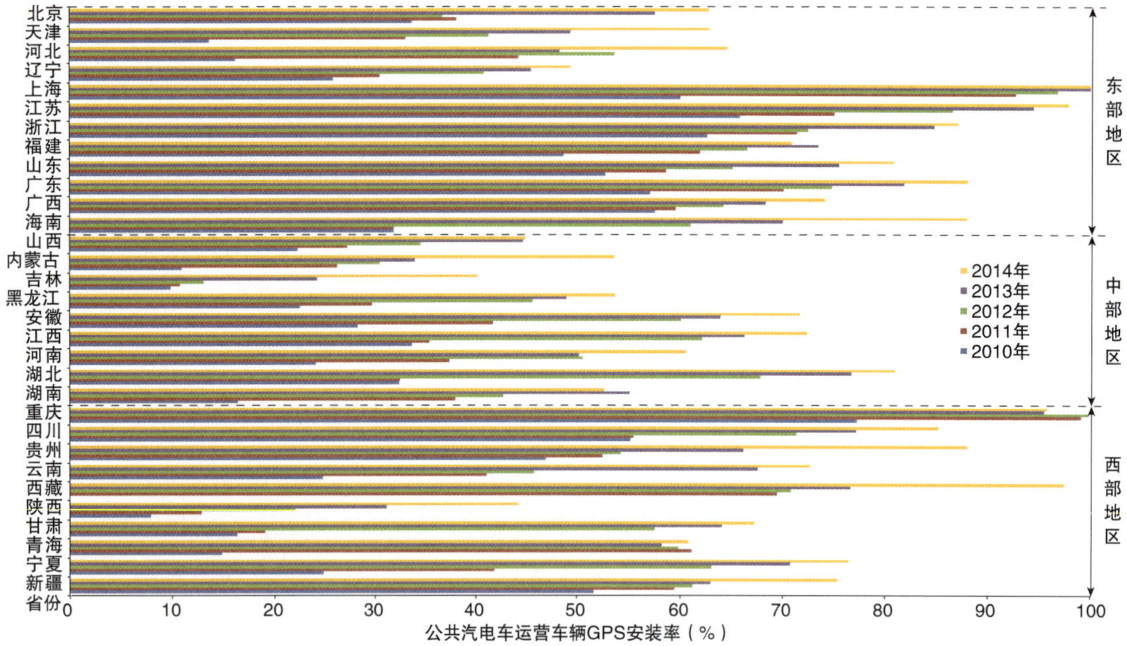

图3-15　2010～2014年全国31个省（自治区、直辖市）公共汽电车运营车辆GPS安装率情况

注：数据来源于 2010 ～ 2014 年《城市（县城）客运统计》。

截至 2014 年年底，全国安装空调的公共汽电车运营车辆为 29.7 万辆，占全部公共汽电车运营车辆数的 56.2%，比例排在前 5 位的省（直辖市）依次为上海、浙江、福建、广东、海南。2010 ～ 2014 年全国安装空调的公共汽电车运营车辆占全部公共汽电车运营车辆比例见图 3-16 和图 3-17，2014 年全国 31 个省（自治区、直辖市）安装空调的公共汽电车运营车辆占全部运营车辆比例见表 3-14。

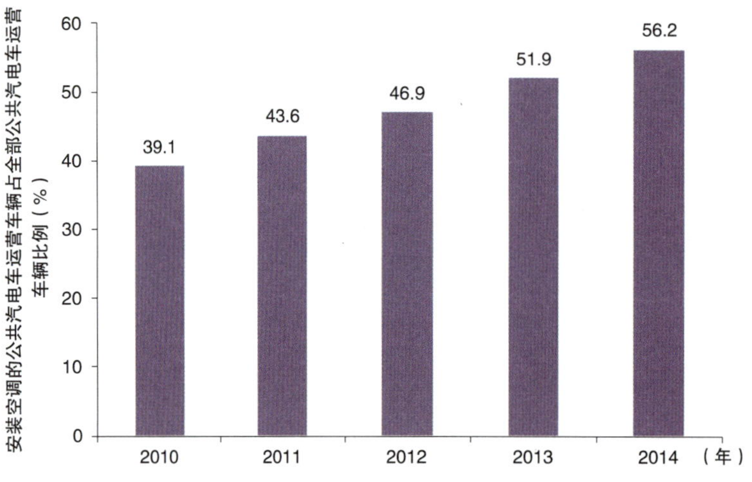

图3-16　2010～2014年全国安装空调的公共汽电车运营车辆占全部公共汽电车运营车辆比例情况

注：数据来源于 2010 ～ 2014 年《城市（县城）客运统计》。

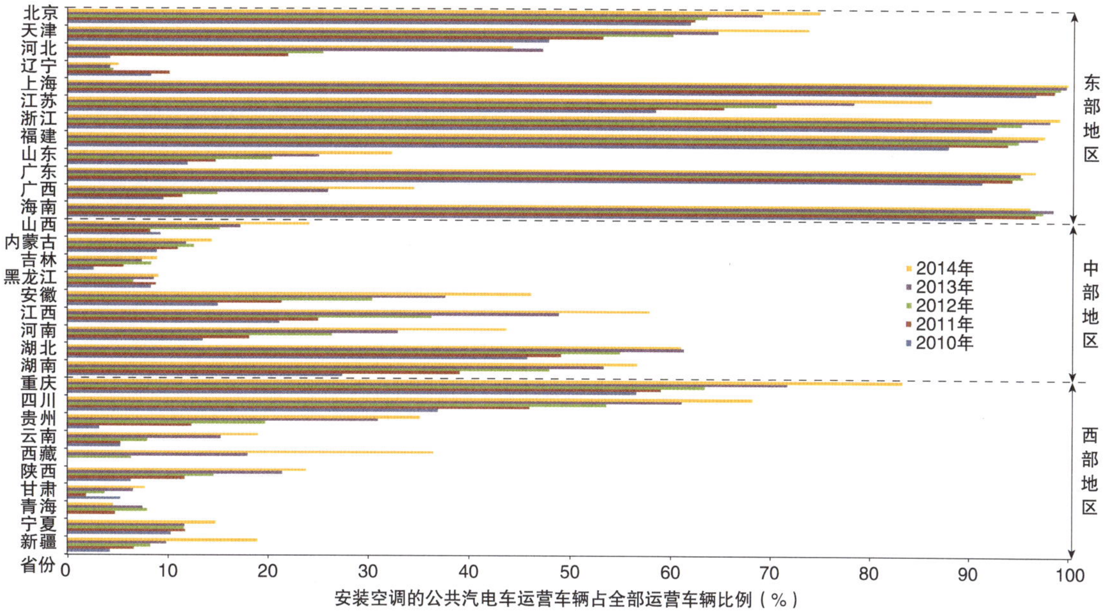

图3-17　2010～2014年全国31个省（自治区、直辖市）安装空调的公共汽电车运营车辆占全部公共汽电车运营车辆比例情况

注：数据来源于 2010 ～ 2014 年《城市（县城）客运统计》。

2014年全国31个省（自治区、直辖市）安装空调的公共汽电车运营车辆占全部公共汽电车运营车辆比例情况 **表3-14**

东部地区	安装空调的公共汽电车运营车辆数（辆）	安装空调的公共汽电车运营车辆占全部公共汽电车运营车辆的比例（%）	中部地区	安装空调的公共汽电车运营车辆数（辆）	安装空调的公共汽电车运营车辆占全部公共汽电车运营车辆的比例（%）	西部地区	安装空调的公共汽电车运营车辆数（辆）	安装空调的公共汽电车运营车辆占全部公共汽电车运营车辆的比例（%）
北京	17761	75.0	山西	2560	24.1	重庆	10400	83.4
天津	8233	73.9	内蒙古	1475	14.4	四川	19165	68.2
河北	9185	44.3	吉林	1110	8.9	贵州	2585	35.1
辽宁	1140	5.0	黑龙江	1629	9.1	云南	2689	19.1
上海	16140	99.9	安徽	8353	46.1	西藏	205	36.5
江苏	31621	86.2	江西	5486	57.9	陕西	3136	23.8
浙江	29545	99.1	河南	10092	43.7	甘肃	576	7.7
福建	14852	97.6	湖北	11939	61.1	青海	176	4.5
山东	12779	32.3	湖南	11202	56.7	宁夏	560	14.8
广东	53518	96.7				新疆	2207	19.0
广西	3715	34.6						
海南	3098	96.2						

注：数据来源于2014年《城市（县城）客运统计》。

2010~2014年全国36个中心城市公共汽电车运营车辆GPS安装率和空调安装率情况见图3-18、图3-19，2014年全国36个中心城市公共汽电车运营车辆GPS安装率和空调车比例情况见表3-15，从中可以看出中心城市公共汽电车运营车辆GPS安装率和空调车的比例大部分高于全国平均水平。

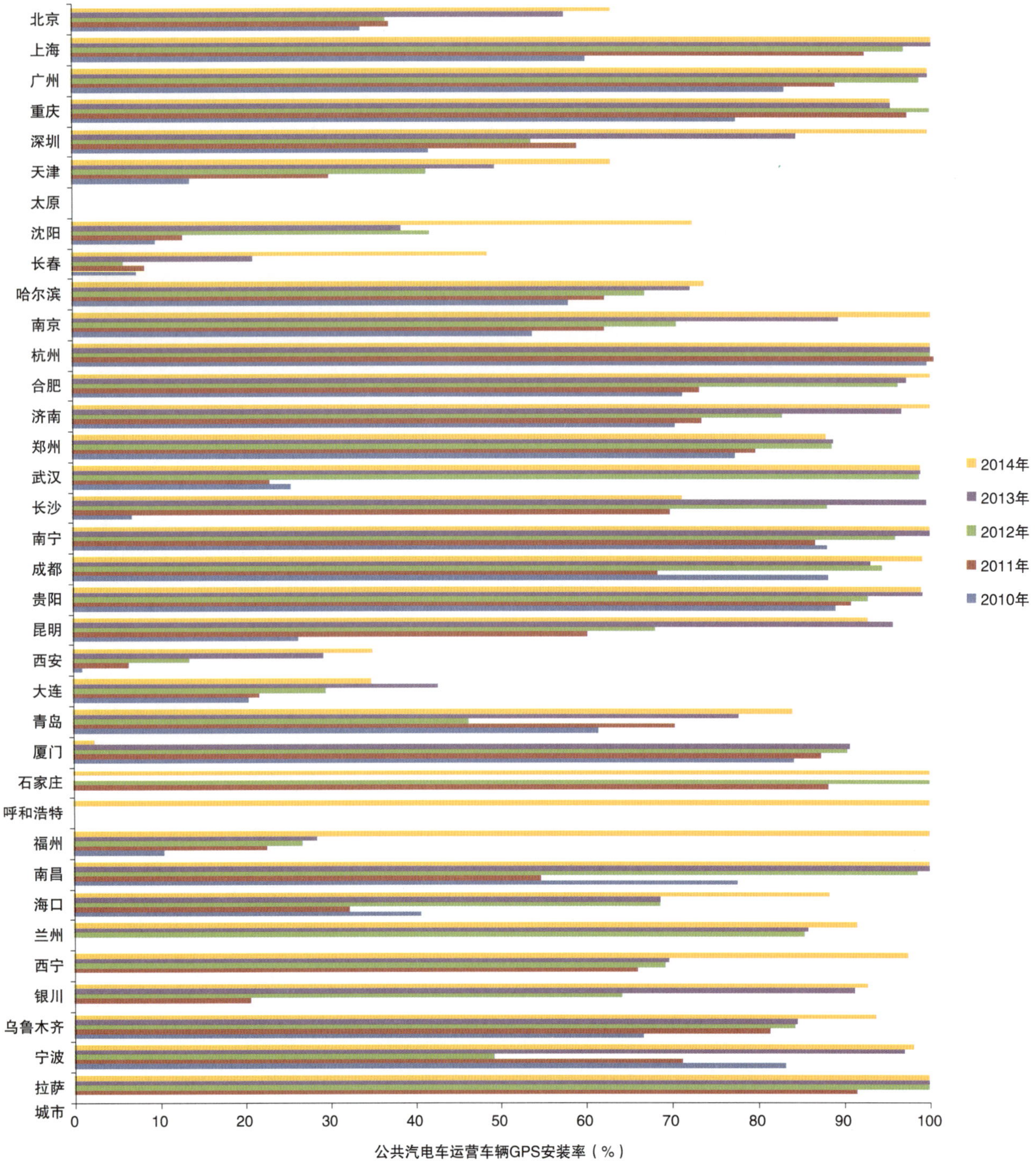

图3-18 2010～2014年全国36个中心城市公共汽电车运营车辆GPS安装率情况

注：数据来源于2010～2014年《城市（县城）客运统计》。

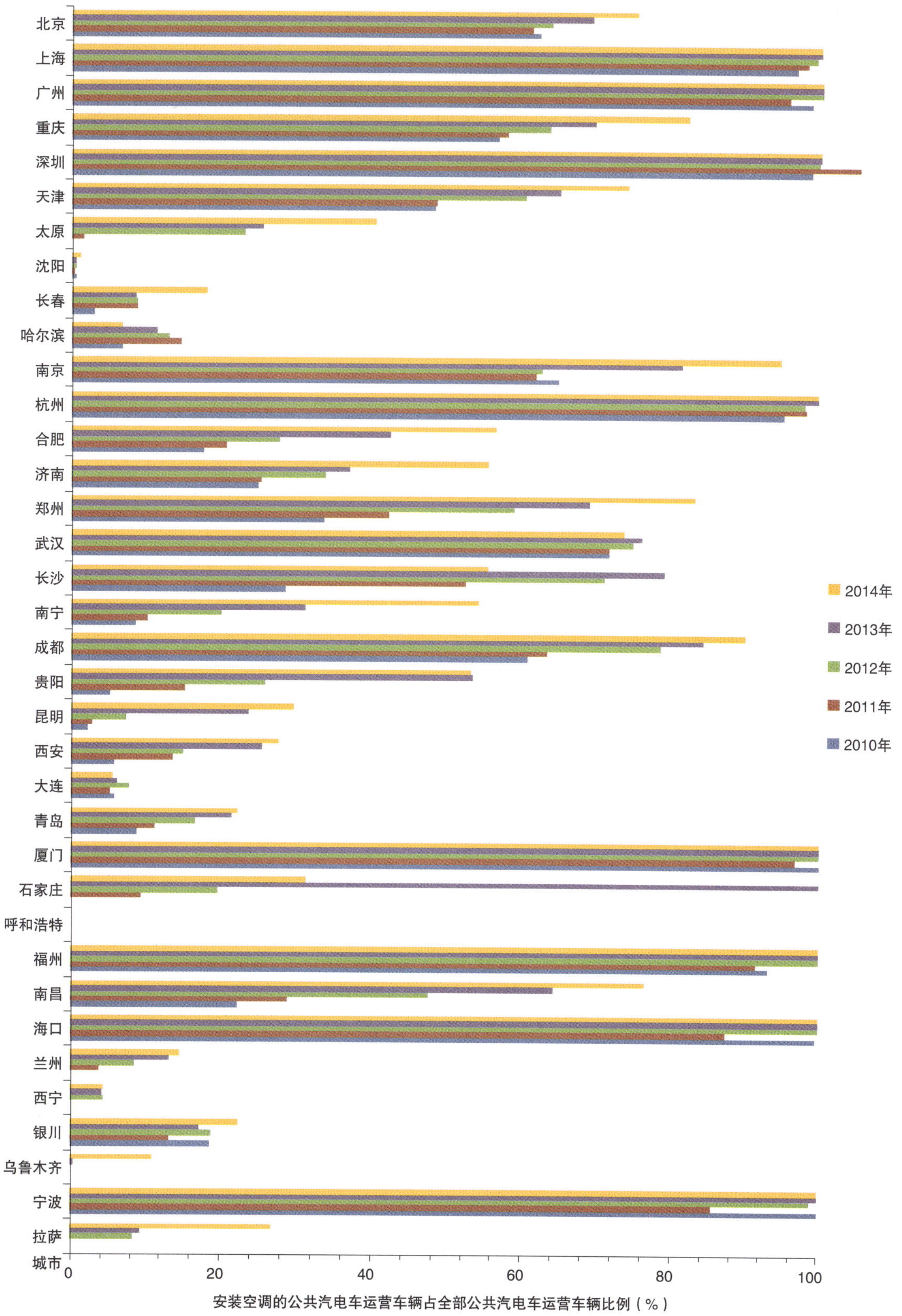

图3-19　2010～2014年全国36个中心城市安装空调的公共汽电车运营车辆占全部公共汽电车运营车辆比例情况

注：数据来源于 2010 ～ 2014 年《城市（县城）客运统计》。

2014年全国36个中心城市公共汽电车运营车辆GPS安装率和空调车比例情况　　表3-15

市区人口（万人）	城市	公共汽电车运营车辆数（辆）	公共汽电车运营车辆数（标台）	安装GPS车辆数（辆）	GPS安装率（%）	空调车数量（辆）	空调车比例（%）
人口＞1000	北京	23667	34511	14868	62.8	17761	75.0
	上海	16155	19835	16155	100.0	16140	99.9
	广州	13610	16467	13550	99.6	13610	100.0
	重庆	10881	12081	10367	95.3	8923	82.0
	深圳	15074	17797	15001	99.5	15044	99.8
人口300～1000	天津	11144	12738	7011	62.9	8233	73.9
	太原	2792	3542	—	—	1128	40.4
	沈阳	5504	7158	3982	72.3	65	1.2
	长春	4753	5350	2312	48.6	860	18.1
	哈尔滨	6270	7884	4624	73.7	425	6.8
	南京	8134	10239	8134	100.0	7693	94.6
	杭州	8382	10333	8382	100.0	8348	99.6
	合肥	4251	5438	4251	100.0	2395	56.3
	济南	4922	6346	4922	100.0	2726	55.4
	郑州	6297	8289	5530	87.8	5222	82.9
	武汉	7767	10262	7681	98.9	5714	73.6
	长沙	5142	6600	3662	71.2	2846	55.3
	南宁	2927	3817	2927	100.0	1584	54.1
	成都	11752	15085	11654	99.2	10561	89.9
	贵阳	2739	3279	2712	99.0	1455	53.1
	昆明	5713	6670	5295	92.7	1692	29.6
	西安	7777	9007	2729	35.1	2148	27.6
	石家庄	4084	5296	4084	100.0	1281	31.4
	乌鲁木齐	4567	5889	4281	93.7	499	10.9
	宁波	4516	5516	4430	98.1	4516	100.0
	大连	5155	6384	1804	35.0	292	5.7
	青岛	6515	8342	5473	84.0	1445	22.2
	厦门	4345	5448	109	2.5	4345	100.0

续上表

市区人口（万人）	城市	公共汽电车运营车辆数（辆）	公共汽电车运营车辆数（标台）	安装 GPS 车辆数（辆）	GPS 安装率（%）	空调车数量（辆）	空调车比例（%）
人口 100 ~ 300	呼和浩特	2026	2609	2026	100.0	—	—
	福州	3686	4366	3686	100.0	3686	100.0
	南昌	3219	3945	3219	100.0	2465	76.6
	海口	1562	1875	1380	88.3	1562	100.0
	兰州	2716	2832	2485	91.5	395	14.5
	西宁	1915	2220	1867	97.5	82	4.3
	银川	1616	1905	1498	92.7	364	22.5
人口＜100	拉萨	393	508	393	100.0	106	27.0

注：数据来源于2014年《城市（县城）客运统计》。

二、燃料类型

按车辆燃料类型划分，目前全国公共汽电车运营车辆主要有汽油车、乙醇汽油车、柴油车、液化石油气（LPG）车、压缩天然气（CNG）车、双燃料车、无轨电车、纯电动客车和混合动力车等。2014 年全国公共汽电车运营车辆按燃料类型划分数据见图 3-20。

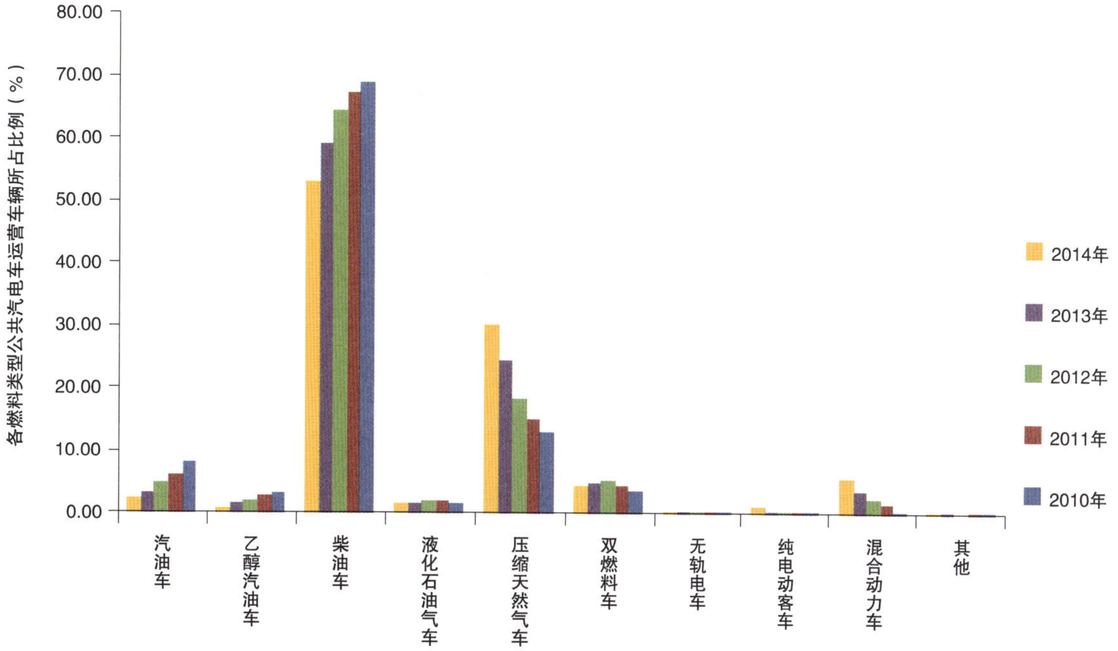

图3-20　2010 ~ 2014年全国公共汽电车运营车辆按燃料类型划分情况

注：数据来源于 2014 年《城市（县城）客运统计》。

截至2014年年底，全国公共汽电车运营车辆中有汽油车13294辆，乙醇汽油车4600辆，柴油车279927辆，液化石油气车8408辆，压缩天然气车159785辆，双燃料车24168辆。其中柴油车所占比例最大，为运营车辆总数的52.94%，见表3-16和图3-21。

2014年全国公共汽电车运营车辆按燃料类型划分情况　　表3-16

燃料类型 / 数量与比例	汽油车	乙醇汽油车	柴油车	液化石油气车	压缩天然气车	双燃料车	无轨电车	纯电动客车	混合动力车	其他
车辆数（辆）	13294	4600	279927	8408	159785	24168	1995	7297	29320	9
占总量比例（%）	2.51	0.87	52.94	1.59	30.22	4.57	0.38	1.38	5.54	0.00

注：数据来源于2014年《城市（县城）客运统计》。

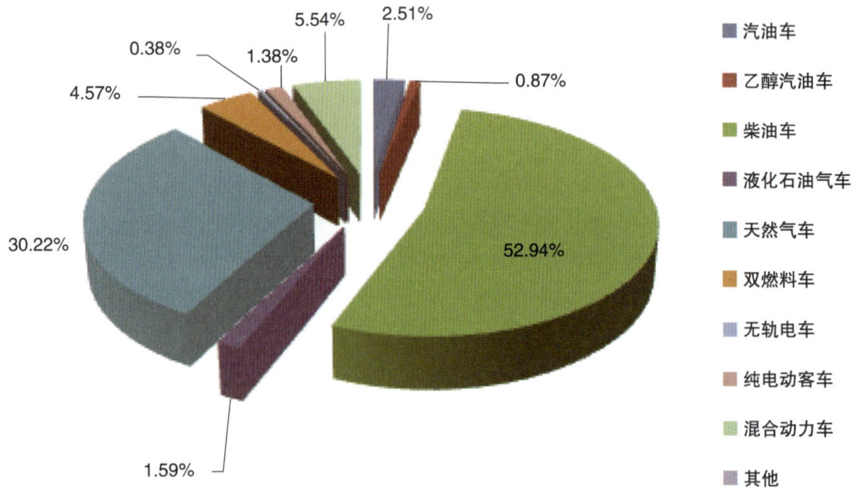

图3-21　2014年全国公共汽电车运营车辆燃料类型比例情况

注：1. 数据来源于2014年《城市（县城）客运统计》。
2. 图中“其他”为0.0017%，四舍五入后无法显示。

全国新能源公共汽电车运营车辆快速增长，对推进城市客运节能减排起到了重要作用。截至2014年年底，全国公共汽电车运营车辆中新能源车辆[1]总数为36617辆，同比增长64.7%，占全国公共汽电车运营车辆总数的6.9%。其中纯电动车7297辆，混合动力车29320辆，分别占新能源车的19.9%和80.1%。新能源车辆数量排在前5的省份是广东、湖南、河南、江苏、浙江。2014年全国31个省（自治区、直辖市）新能源公共汽电车运营车辆见图3-22和表3-17。

[1] 新能源汽车包括混合动力车、纯电动车（BEV，包括太阳能汽车）、燃料电池电动汽车（FCEV）、氢发动机汽车、其他新能源（如高效储能器、二甲醚）汽车等。

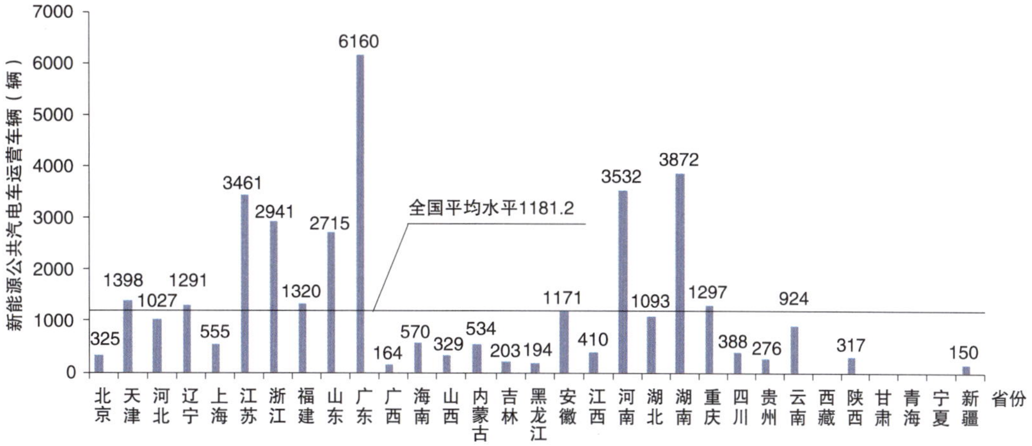

图3-22　2014年全国31个省（自治区、直辖市）新能源公共汽电车运营车辆情况

注：数据来源于 2014 年《城市（县城）客运统计》。

2014年全国31个省（自治区、直辖市）新能源公共汽电车运营车辆情况　　　表3-17

东部地区	新能源公共汽电车运营车辆数（辆）	中部地区	新能源公共汽电车运营车辆数（辆）	西部地区	新能源公共汽电车运营车辆数（辆）
北京	325	山西	329	重庆	1297
天津	1398	内蒙古	534	四川	388
河北	1027	吉林	203	贵州	276
辽宁	1291	黑龙江	194	云南	924
上海	555	安徽	1171	西藏	—
江苏	3461	江西	410	陕西	317
浙江	2941	河南	3532	甘肃	—
福建	1320	湖北	1093	青海	—
山东	2715	湖南	3872	宁夏	—
广东	6160			新疆	150
广西	164				
海南	570				

注：数据来源于2014年《城市（县城）客运统计》。

全国 36 个中心城市中深圳市新能源公共汽电车运营车辆最多，为 3030 辆。截至 2014 年年底，全国 36 个中心城市的新能源公共汽电车运营车辆见图 3-23，按燃料类型划分见表 3-18。

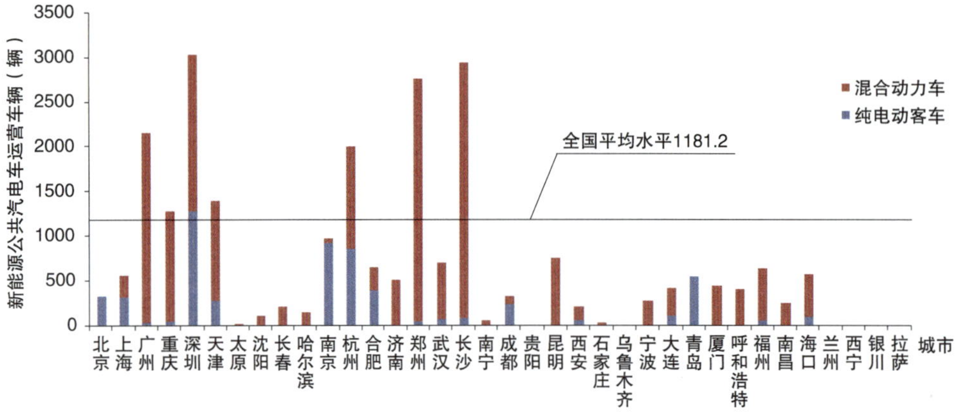

图3-23　2014年全国36个中心城市新能源公共汽电车运营车辆数情况

注：数据来源于 2014 年《城市（县城）客运统计》。

2014年全国36个中心城市公共汽电车运营车辆按燃料类型划分情况　　　表3-18

市区人口（万人）	地区	公共汽电车运营车辆数（辆）									
		合计	汽油车	乙醇汽油车	柴油车	液化石油气车	压缩天然气车	双燃料车	无轨电车	纯电动客车	混合动力车	其他
＞1000	北京	23667	—	—	16598	—	6191	—	553	325	—	—
	上海	16155	—	—	15207	—	—	—	384	308	247	9
	广州	13610	27	—	2832	5760	2563	—	274	26	2128	—
	重庆	10881	15	—	325	—	1821	7439	—	41	1240	—
	深圳	15074	—	—	11354	—	626	64	—	1277	1753	—
300 ~ 1000	天津	11144	14	—	9031	—	701	—	—	273	1125	—
	太原	2792	348	—	—	—	1160	1158	121	—	5	—
	沈阳	5504	—	50	3669	—	1338	342	—	—	105	—
	长春	4753	—	3	1542	—	2901	104	—	2	201	—
	哈尔滨	6270	—	556	1745	210	3584	26	—	—	149	—
	南京	8134	26	—	3941	349	2848	—	—	920	50	—
	杭州	8382	111	—	4147	—	2011	—	115	858	1140	—
	合肥	4251	—	—	1858	—	1751	—	—	390	252	—
	济南	4922	9	—	2276	—	1998	—	133	6	500	—
	郑州	6297	—	—	2708	—	—	811	15	40	2723	—
	武汉	7767	36	—	4812	164	1905	—	151	62	637	—

续上表

市区人口（万人）	地区	公共汽电车运营车辆数（辆）										
		合计	汽油车	乙醇汽油车	柴油车	液化石油气车	压缩天然气车	双燃料车	无轨电车	纯电动客车	混合动力车	其他
300 ~ 1000	长沙	5142	—	—	1515	—	688	—	—	80	2859	—
	南宁	2927	—	—	1975	—	894	—	—	8	50	—
	成都	11752	—	—	301	—	10847	276	—	238	90	—
	贵阳	2739	4	—	175	—	2545	15	—	—	—	—
	昆明	5713	1019	—	3140	—	804	—	—	4	746	—
	西安	7777	—	—	89	—	5374	2109	—	50	155	—
	石家庄	4084	—	—	621	—	3439	—	—	2	22	—
	乌鲁木齐	4567	4	—	275	—	4190	98	—	—	—	—
	宁波	4516	—	—	2765	—	1480	—	—	—	271	—
100 ~ 300	大连	5155	41	—	3674	—	959	—	61	111	309	—
	青岛	6515	—	—	2840	—	2952	70	111	542	—	—
	厦门	4345	6	—	3171	—	722	—	—	—	446	—
	呼和浩特	2026	97	—	246	—	1183	100	—	—	400	—
	福州	3686	153	—	2055	—	839	—	—	60	579	—
	南昌	3219	—	—	2543	140	289	—	—	—	247	—
	海口	1562	—	—	368	—	560	70	—	90	474	—
	兰州	2716	—	—	52	—	2664	—	—	—	—	—
	西宁	1915	—	—	—	—	1378	537	—	—	—	—
	银川	1616	35	—	—	—	1581	—	—	—	—	—
＜100	拉萨	393	—	—	393	—	—	—	—	—	—	—

注：数据来源于2014年《城市（县城）客运统计》。

第四节　经营主体

截至 2014 年年底，全国共有公共汽电车经营企业 3665 户，较 2013 年增加 7.3%，其中国有及国有控股企业 1283 户，较 2013 年增加 7.2%；私营企业 1913 户。2010 ~ 2014 年全国公共汽电车经营主体见图 3-24。

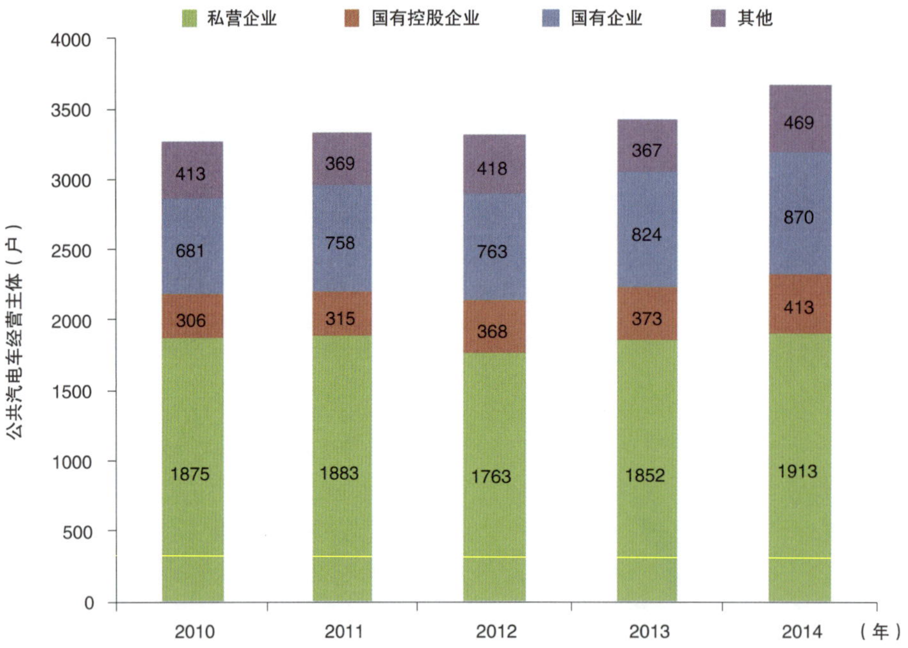

图3-24　2010～2014年全国公共汽电车经营主体情况

注：数据来源于2014年《城市（县城）客运统计》。

截至2014年年底,全国公共汽电车从业人员共有128.0万人,较2013年减少3.2%,具体数据见图3-25。每户公共汽电车经营企业平均拥有员工349人,比2013年减少9.8%。企业人员规模前5位的省（直辖市）是：广东、山东、北京、江苏、浙江，具体数据见表3-19。

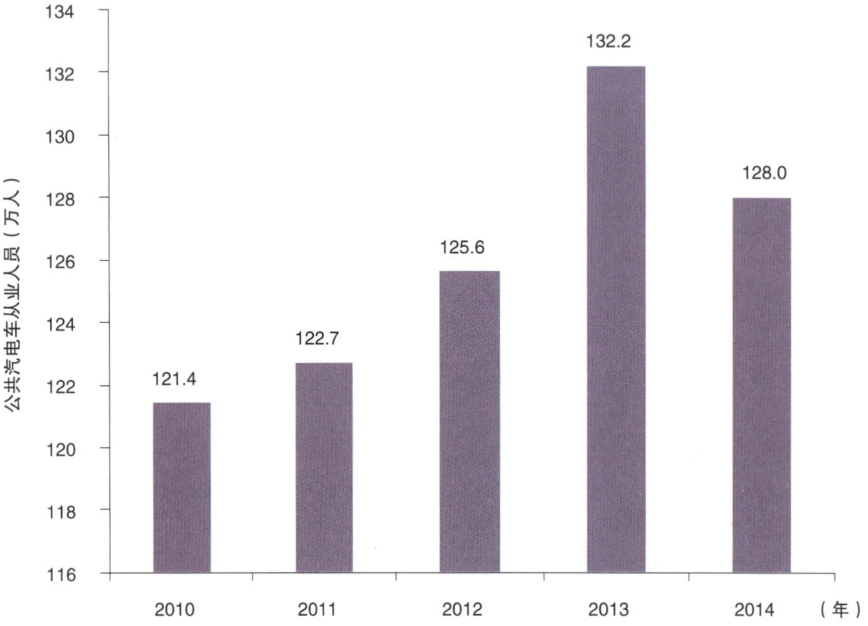

图3-25　2010～2014年全国公共汽电车从业人员情况

注：数据来源于2014年《城市（县城）客运统计》。

2014年全国31个省（自治区、直辖市）公共汽电车经营企业和从业人员情况　　表3-19

地区		经营企业户数					从业人员（人）	地区		经营企业户数					从业人员（人）
		合计	国有企业（户）	国有控股企业（户）	私营企业（户）	其他				合计	国有企业（户）	国有控股企业（户）	私营企业（户）	其他	
全国		3665	870	413	1913	469	1279823	中部地区	黑龙江	240	22	3	141	74	35719
东部地区	北京	2	1	1	0	0	83969	中部地区	安徽	113	37	19	51	6	37364
东部地区	天津	12	11	0	1	0	18531	中部地区	江西	106	21	18	62	5	19227
东部地区	河北	160	27	13	102	18	49671	中部地区	河南	110	46	12	46	6	54549
东部地区	辽宁	119	37	20	56	6	54090	中部地区	湖北	103	44	15	39	5	56543
东部地区	上海	32	0	22	8	2	56829	中部地区	湖南	164	56	17	79	12	47698
东部地区	江苏	94	43	26	24	1	81054	西部地区	重庆	62	31	8	19	4	38655
东部地区	浙江	125	64	17	42	2	69021	西部地区	四川	245	37	34	134	40	61013
东部地区	福建	92	44	26	18	4	31924	西部地区	贵州	228	29	10	61	128	20558
东部地区	山东	210	83	30	93	4	87183	西部地区	云南	150	24	30	96	0	27283
东部地区	广东	234	53	28	151	2	142523	西部地区	西藏	8	6	1	1	0	1686
东部地区	广西	139	14	6	107	12	21668	西部地区	陕西	126	22	15	87	2	37050
东部地区	海南	52	14	4	29	5	6568	西部地区	甘肃	79	12	4	58	5	18942
中部地区	山西	119	20	8	84	7	27542	西部地区	青海	38	12	1	23	2	8400
中部地区	内蒙古	215	11	5	114	85	22751	西部地区	宁夏	45	6	1	37	1	10158
中部地区	吉林	128	17	8	94	9	27021	西部地区	新疆	115	26	11	56	22	24633

注：数据来源于2014年《城市（县城）客运统计》。

截至2014年年底，全国公共汽电车单位运营车辆配备的从业人数，即运营车辆人车比平均值为2.4人/辆，比2013年降低20%，位于前5位的省（自治区、直辖市）是北京、上海、重庆、西藏、湖北，具体数据见图3-26和表3-20。

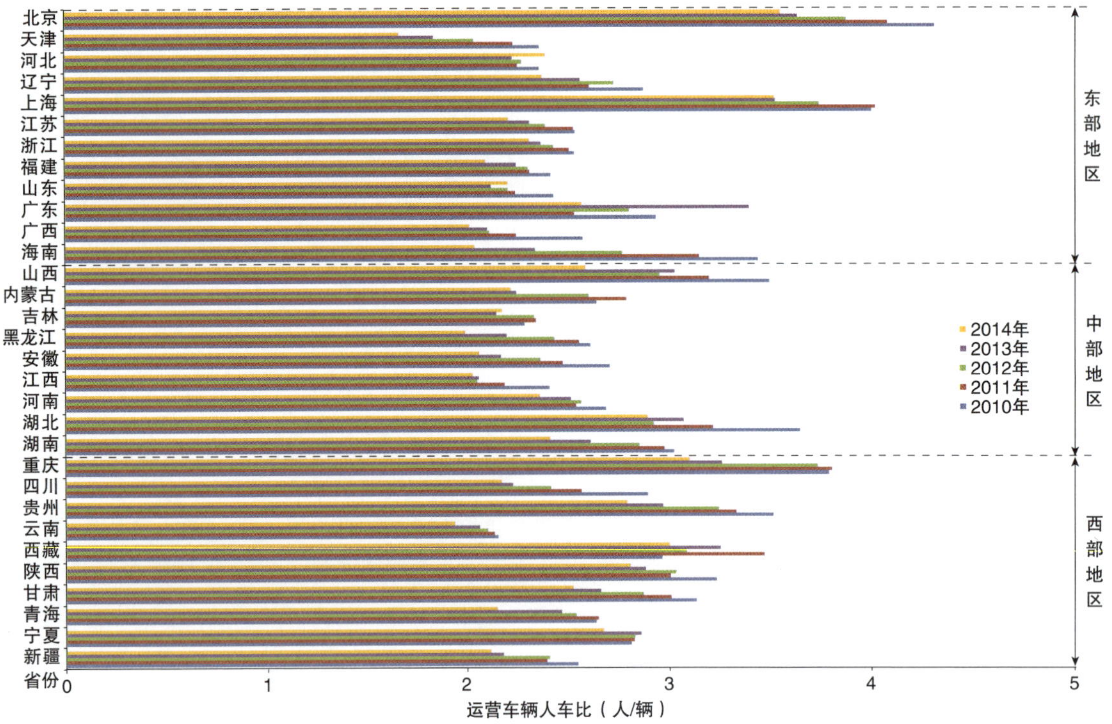

图3-26　2010～2014年全国31个省（自治区、直辖市）公共汽电车运营车辆人车比情况

注：数据来源于 2010 ～ 2014 年《城市（县城）客运统计》。

2014年全国31个省（自治区、直辖市）公共汽电车运营车辆人车比情况　　表3-20

东部地区	人车比（人/辆）	中部地区	人车比（人/辆）	西部地区	人车比（人/辆）
北京	3.5	山西	2.6	重庆	3.1
天津	1.7	内蒙古	2.2	四川	2.2
河北	2.4	吉林	2.2	贵州	2.8
辽宁	2.4	黑龙江	2.0	云南	1.9
上海	3.5	安徽	2.1	西藏	3.0
江苏	2.2	江西	2.0	陕西	2.8
浙江	2.3	河南	2.4	甘肃	2.5
福建	2.1	湖北	2.9	青海	2.2
山东	2.2	湖南	2.4	宁夏	2.7
广东	2.6			新疆	2.1
广西	2.0				
海南	2.0				

注：数据来源于2014年《城市（县城）客运统计》。

2014 年全国 36 个中心城市中，公共汽电车运营车辆人车比低于全国平均水平（2.4 人 / 辆）的有 15 个城市，其中成都、天津最低，为 1.7 人 / 辆；南昌、海口为 1.8 人 / 辆；其次为郑州、长春，为 2.0 人 / 辆。具体数据见图 3-27 和表 3-21。

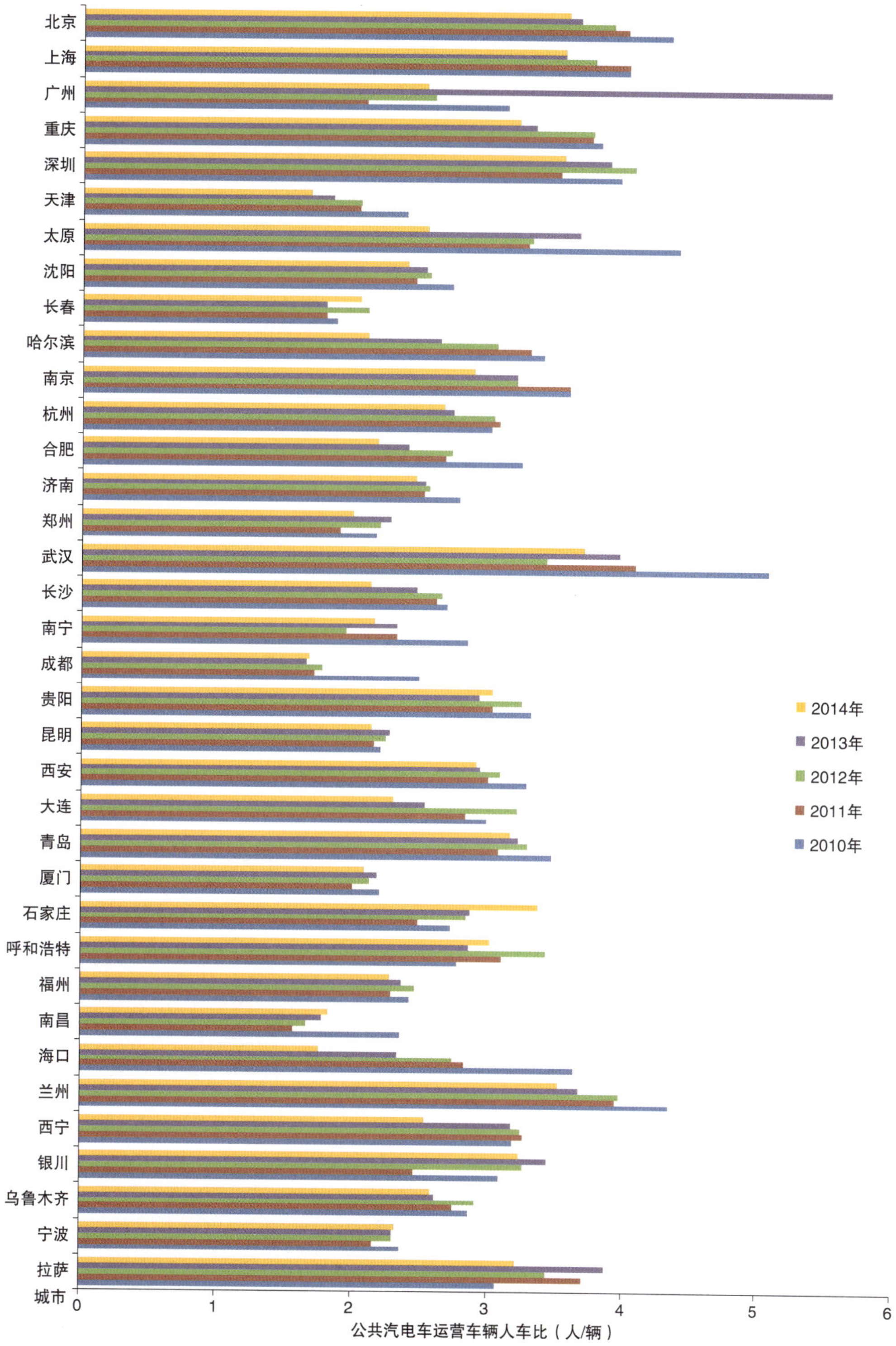

图3-27　2010～2014年全国36个中心城市公共汽电车运营车辆人车比情况

注：数据来源于 2010 ～ 2014 年《城市（县城）客运统计》。

2014年全国36个中心城市公共汽电车运营车辆人车比情况 表3-21

人口规模（万人）	城市	从业人员（人）	车辆数（辆）	人车比（人/辆）
＞1000	北京	83969	23667	3.5
	上海	56829	16155	3.5
	广州	34268	13610	2.5
	重庆	34706	10881	3.2
	深圳	53059	15074	3.5
300 ~ 1000	天津	18531	11144	1.7
	太原	7049	2792	2.5
	沈阳	13090	5504	2.4
	长春	9675	4753	2.0
	哈尔滨	13128	6270	2.1
	南京	23348	8134	2.9
	杭州	22246	8382	2.7
	合肥	9218	4251	2.2
	济南	12052	4922	2.4
	郑州	12510	6297	2.0
	武汉	28618	7767	3.7
	长沙	10882	5142	2.1
	南宁	6304	2927	2.2
300 ~ 1000	成都	19585	11752	1.7
	贵阳	8261	2739	3.0
	昆明	12166	5713	2.1
	西安	22543	7777	2.9
	石家庄	13721	4084	3.4
	乌鲁木齐	11808	4567	2.6
	宁波	10470	4516	2.3
	大连	11823	5155	2.3
	青岛	20535	6515	3.2
	厦门	9056	4345	2.1
100 ~ 300	呼和浩特	6103	2026	3.0
	福州	8388	3686	2.3
	南昌	5858	3219	1.8
	海口	2744	1562	1.8
	兰州	9540	2716	3.5
	西宁	4863	1915	2.5
	银川	5216	1616	3.2
＜100	拉萨	1260	393	3.2

注：数据来源于2014年《城市（县城）客运统计》。

第五节　运营指标

一、运营里程

2014年，全国公共汽电车运营里程共计346.7亿公里，较2013年降低0.7%，公共汽电车年运营里程排名前5的省份是广东、山东、江苏、浙江、湖南，具体数据见图3-28。2014年全国公共汽电车车均年运营里程为6.6万公里/辆·年，比2013年降低2.9%。全国31个省（自治区、直辖市）公共汽电车车均年运营里程见图3-29，2010～2014年全国36个中心城市公共汽电车车均年运营里程见图3-30。

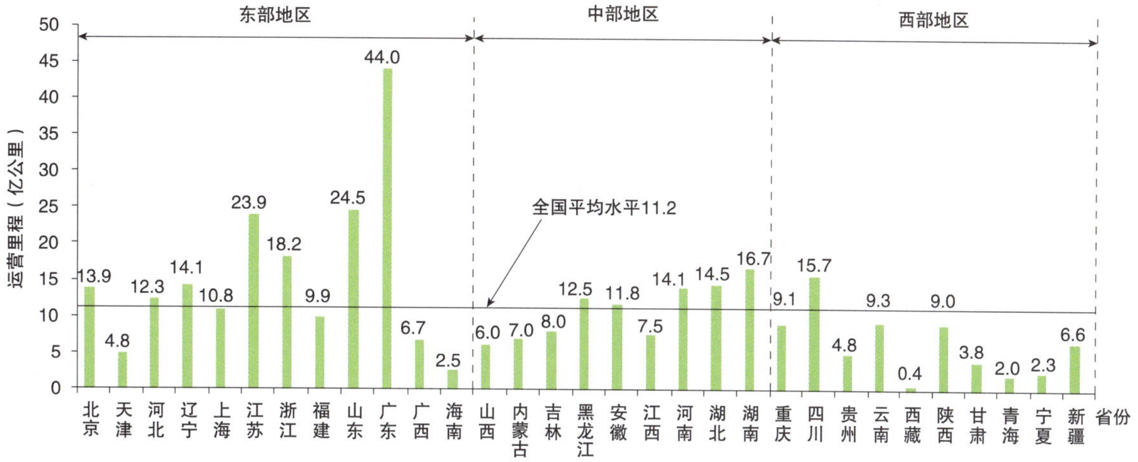

图3-28 2014年全国31个省（自治区、直辖市）公共汽电车运营里程情况

注：数据来源于2014年《城市（县城）客运统计》。

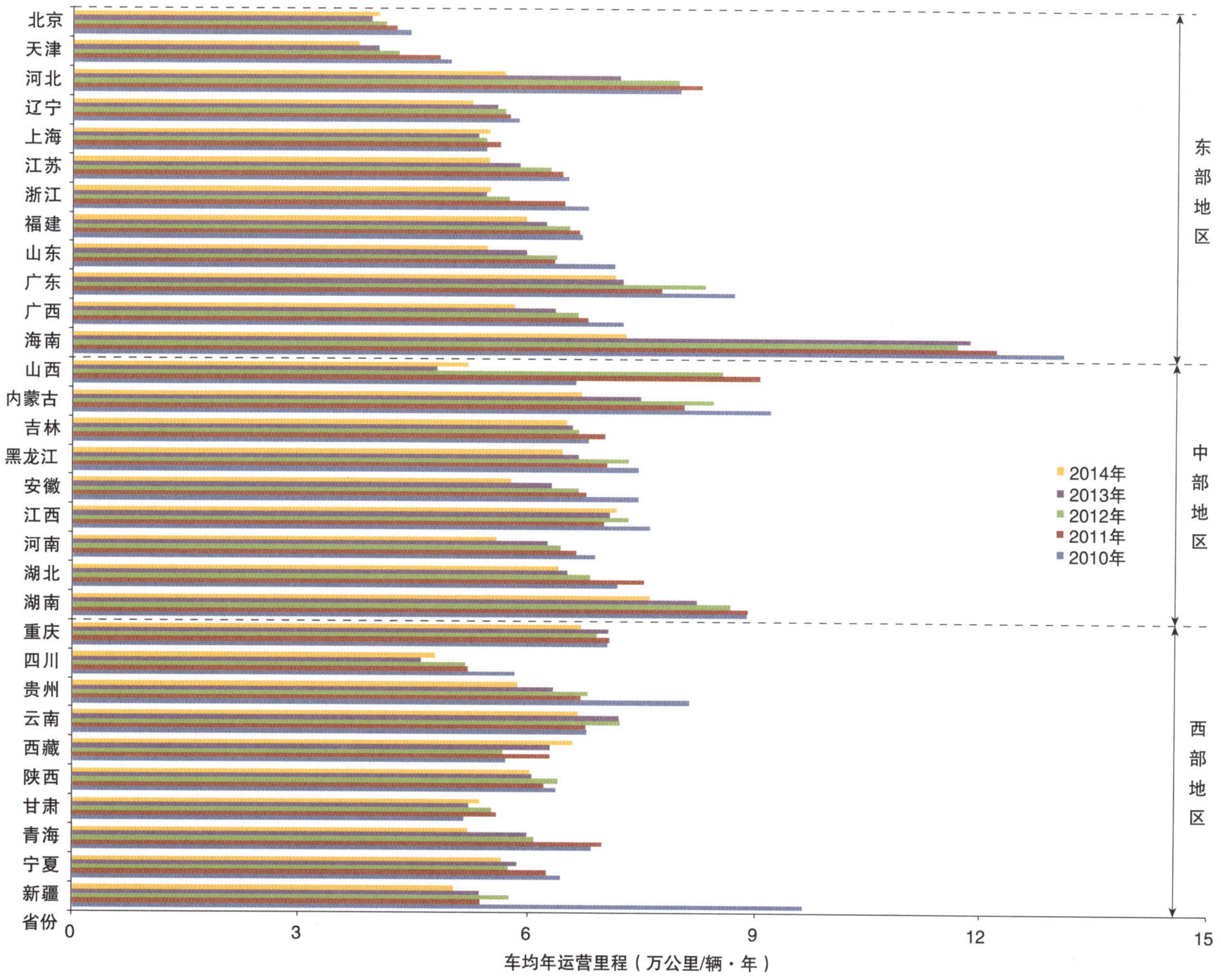

图3-29 2010～2014年全国31个省（自治区、直辖市）公共汽电车车均年运营里程情况

注：数据来源于2010～2014年《城市（县城）客运统计》。

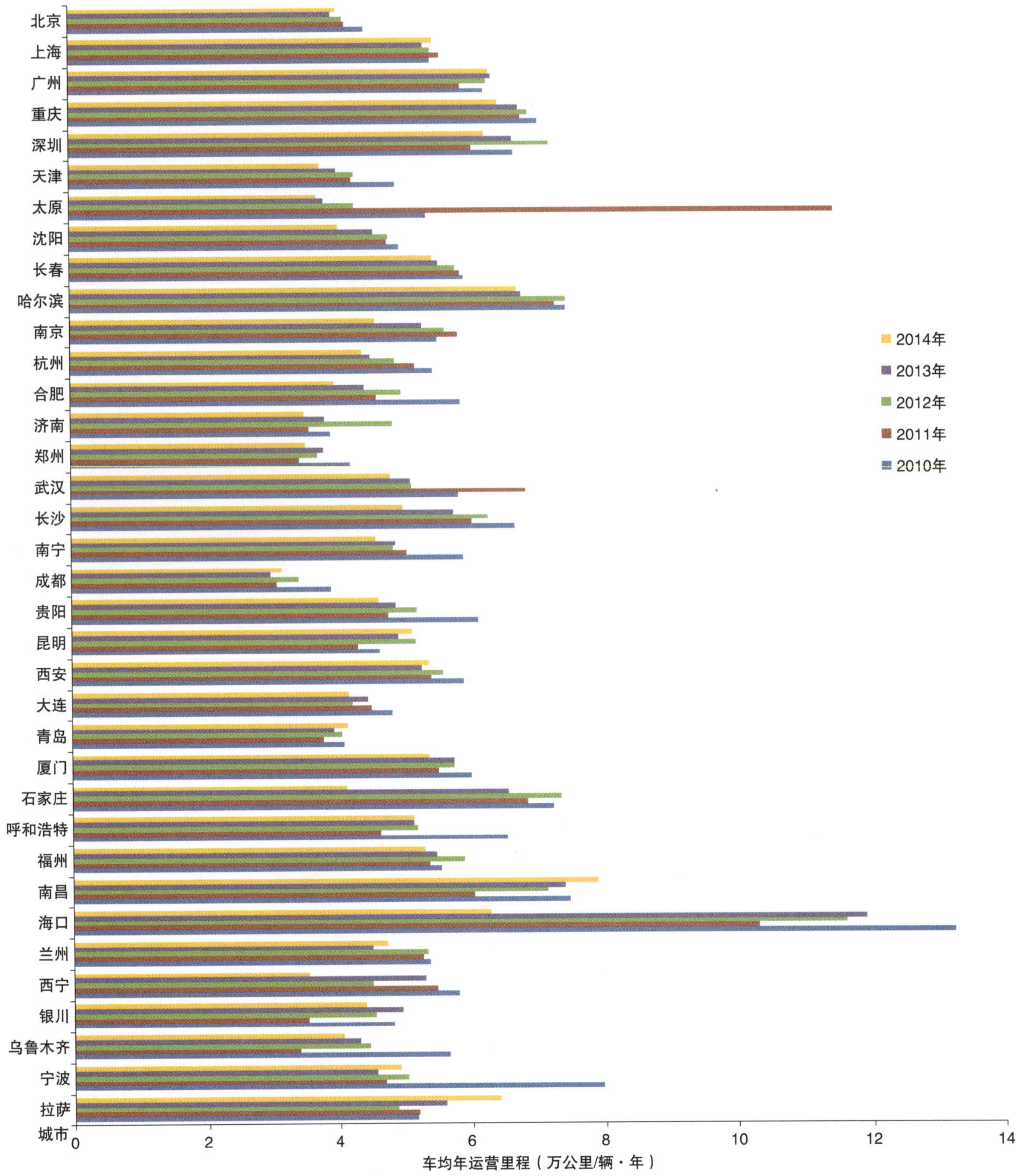

图3-30　2010～2014年36个中心城市公共汽电车车均年运营里程情况

注：数据来源于 2010 ～ 2014 年《城市（县城）客运统计》。

二、客运量

2014 年，全国公共汽电车共完成客运量 781.9 亿人次，比 2013 年增长 1.4%，占全国城市客运总量的 59.4%。公共汽电车客运量排在前 5 位的省（直辖市）从高到低是：广东、北京、江苏、四川、山东，具体数据见图 3-31。

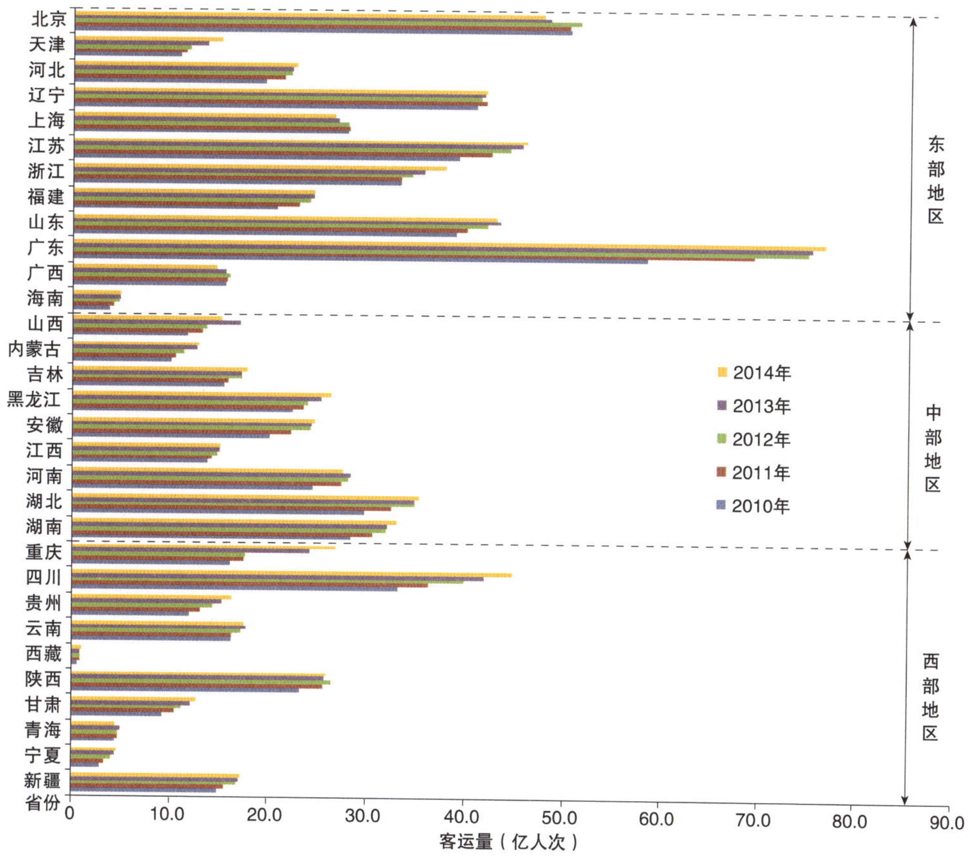

图3-31　2010～2014年全国31个省（自治区、直辖市）公共汽电车客运量情况

注：数据来源于 2010 ～ 2014 年《城市（县城）客运统计》。

2014 年全国 36 个中心城市的公共汽电车客运量见表 3-22，北京市位居全国第一，为 47.7 亿人次；其次为上海市，为 26.7 亿人次；第三为广州市，为 26.5 亿人次；最少的为拉萨市，为 0.8 亿人次。

2014年全国36个中心城市公共汽电车客运量情况　　**表3-22**

市区人口（万人）	城市	客运量（亿人次）	市区人口（万人）	城市	客运量（亿人次）
＞1000	北京	47.7	300 ～ 1000	成都	18.2
	上海	26.7		贵阳	6.7
	广州	26.5		昆明	8.4
	重庆	24.1		西安	17.0
	深圳	22.6		石家庄	6.5
300 ～ 1000	天津	15.1		乌鲁木齐	8.7
	太原	5.0		宁波	4.9
	沈阳	11.1		大连	10.4
	长春	7.5		青岛	10.6

续上表

市区人口（万人）	城市	客运量（亿人次）	市区人口（万人）	城市	客运量（亿人次）
300 ~ 1000	哈尔滨	12.8	300 ~ 1000	厦门	9.3
	南京	10.4	100 ~ 300	呼和浩特	3.8
	杭州	13.8		福州	6.0
	合肥	6.9		南昌	6.2
	济南	8.0		海口	3.0
	郑州	9.9		兰州	7.7
	武汉	14.8		西宁	3.4
	长沙	7.5		银川	3.0
	南宁	5.2	＜100	拉萨	0.8

注：数据来源于2014年《城市（县城）客运统计》。

2014 年全国 36 个中心城市中，兰州市人均乘坐公共汽电车次数最多，年人均乘坐公共汽电车 356.5 次 / 人 · 年，平均每人每天乘坐公共汽电车 0.98 次 / 人 · 天，见图 3-32。

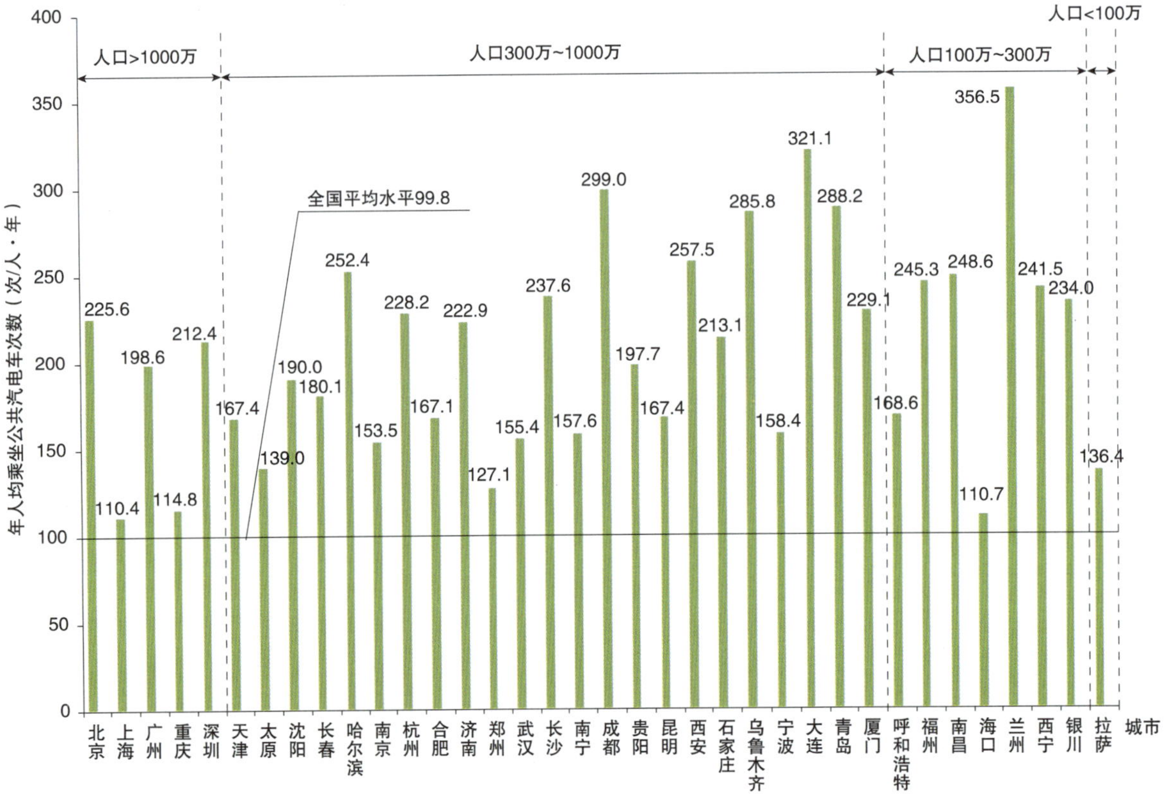

图3-32　2014年全国36个中心城市人均乘坐公共汽电车次数情况

注：数据来源于 2014 年《城市（县城）客运统计》。

三、公共交通一卡通

随着公共交通信息化的发展，公共交通一卡通加快普及。截至 2014 年年底，公共交通一卡通售卡量为 4.3 亿张，比 2013 年增长 16.2%。使用公共交通一卡通的公共汽电车客运量占公共汽电车客运总量的 43.5%，其中东部地区为 50.2%，中部地区为 31.8%，西部地区为 42.2%。全国 31 个省（自治区、直辖市）中，使用公共交通一卡通的公共汽电车客运量比例排在前 5 位省（直辖市）的依次是北京、上海、青海、重庆、广东。2014 年全国东、中、西部不同地区使用公共交通一卡通的公共汽电车客运量比例见表 3-23、表 3-24 和图 3-33。

2014年全国东、中、西部地区公共交通一卡通刷卡量占公共汽电车客运总量的比例情况

表3-23

地区	公共汽电车客运总量（亿人次）	使用公共交通一卡通的公共汽电车客运量（亿人次）	使用公共交通一卡通的公共汽电车客运量比例（%）
东部地区	402.3	240.8	59.9
中部地区	208.1	66.1	31.8
西部地区	171.5	72.3	42.2

注：数据来源于2014年《城市（县城）客运统计》。

2014年全国31个省（自治区、直辖市）公共交通一卡通刷卡量占公共汽电车客运总量的比例情况

表3-24

东部地区	公共交通一卡通刷卡量所占比例（%）	中部地区	公共交通一卡通刷卡量所占比例（%）	西部地区	公共交通一卡通刷卡量所占比例（%）
北京	81.3	山西	36.8	重庆	60.0
天津	41.6	内蒙古	30.2	四川	43.2
河北	16.8	吉林	22.3	贵州	10.3
辽宁	37.3	黑龙江	27.1	云南	42.4
上海	79.2	安徽	42.5	西藏	15.3
江苏	54.8	江西	28.7	陕西	50.4
浙江	49.7	河南	25.1	甘肃	45.1
福建	34.0	湖北	44.7	青海	78.9
山东	40.9	湖南	24.1	宁夏	15.7
广东	57.1			新疆	25.9
广西	15.5				
海南	2.1				

注：数据来源于2014年《城市（县城）客运统计》。

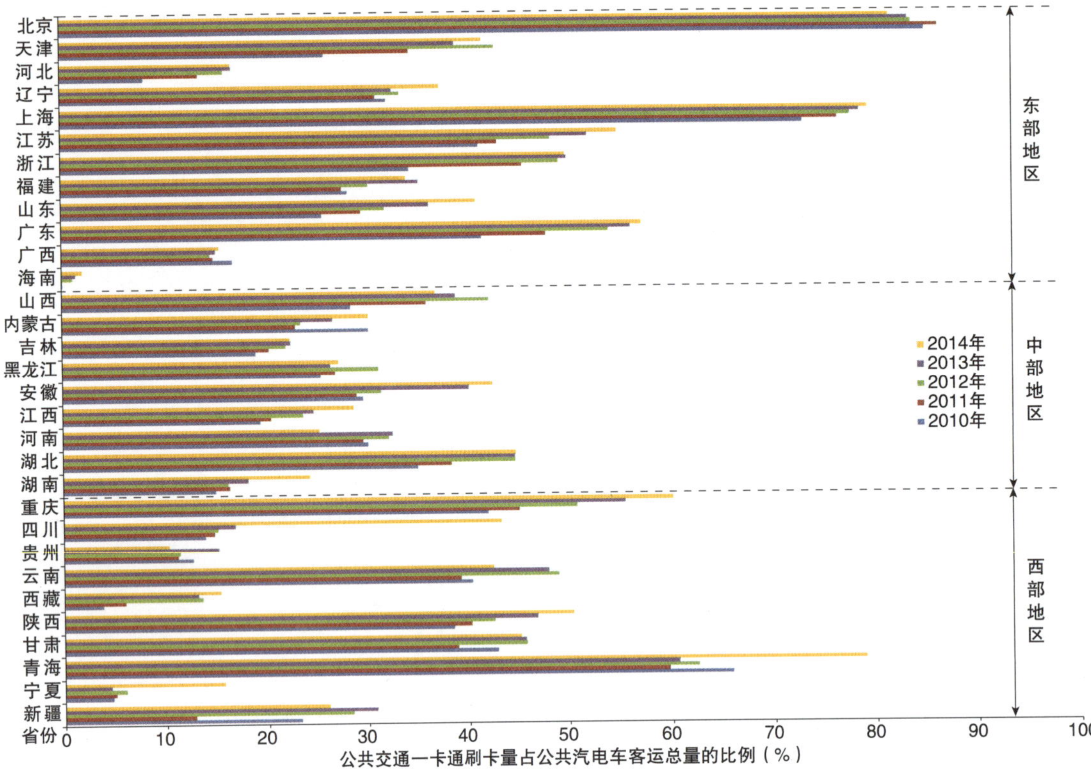

图3-33 2010~2014年全国31个省（自治区、直辖市）公共交通一卡通刷卡量占公共汽电车客运总量的比例情况

注：数据来源于 2010 ~ 2014 年《城市（县城）客运统计》。

2014 年全国 36 个中心城市中有 22 个城市的公共交通一卡通刷卡量占公共汽电车客运总量比例超过全国平均水平，排在前 5 位的城市依次是西宁、北京、南京、太原、上海，具体数据见图 3-34 和表 3-25。

2014年全国36个中心城市公共交通一卡通刷卡量占公共汽电车客运总量的比例情况

表3-25

市区人口（万人）	城市	公共交通一卡通刷卡量所占比例（%）	市区人口（万人）	城市	公共交通一卡通刷卡量所占比例（%）	市区人口（万人）	城市	公共交通一卡通刷卡量所占比例（%）
＞1000	北京	81.3	300 ~ 1000	合肥	53.0	300 ~ 1000	宁波	75.7
	上海	79.2		济南	36.2		大连	52.7
	广州	75.9		郑州	22.4		青岛	63.5
	重庆	65.9		武汉	67.6		厦门	60.6
	深圳	60.2		长沙	61.5	100 ~ 300	呼和浩特	48.1
300 ~ 1000	天津	41.6		南宁	11.7		福州	15.2
	太原	79.5		成都	68.3		南昌	35.2
	沈阳	49.8		贵阳	15.3		海口	2.0
	长春	27.7		昆明	56.5		兰州	54.6
	哈尔滨	35.9		西安	60.7		西宁	94.4
	南京	80.6		石家庄	16.5		银川	21.9
	杭州	68.1		乌鲁木齐	27.2	＜100	拉萨	18.2

注：数据来源于2014年《城市（县城）客运统计》。

图3-34　2010～2014年全国36个中心城市公共交通一卡通刷卡量占公共汽电车客运总量的比例情况

注：数据来源于 2010 ～ 2014 年《城市（县城）客运统计》。

第六节　行业管理

2014 年，各地坚持规划引领，加大监管力度，强化安全运营，大力推进城市公共交通服务体系建设。

一、强化规划引领

2014 年，地方城市坚持规划先行，注重顶层设计，充分发挥城市公共交通引领城市发展的带动作用。

苏州市以城市总规修编为契机，组织编制城市公共交通场站等城市公共交通专项规划。2014 年，组织编制了《苏州市城市公交换乘枢纽规划》，根据规划，到 2020 年，苏州市区新建、改建共 55 个公交换乘枢纽；到 2030 年，基本形成“功能完善、布局合理、衔接顺畅、集约高效”的公交换乘枢纽体系，实现对外交通全配套、轨道交通全衔接和片区公交全覆盖。

西宁市发布了《西宁市公共交通发展规划（2014 ~ 2020）》，提出了建立以快速公交为骨架，以常规公交为主体，以城乡公交、城际公交、旅游公交、定制公交为补充的多模式一体化的公共交通体系。西宁市还积极开展城市公共交通优先系统规划、城市快速公交系统规划、城市公交线网优化方案等研究，编制《西宁市公交线网优化调整实施方案》《西宁市公交专用道系统规划》《西宁市快速公交（BRT）规划》等规划。

二、完善监督机制

2014 年，广州、南京等地积极推进城市公共交通行业监管机制、强化公交企业监督考核机制等建设工作。

广州不断完善监管机制。一是采用智能调度系统监管、视频巡查、投诉核查等多种监管方式，有效掌握全市公交线路整体运营调度情况，及时发现存在发班违规行为，并督促企业落实整改。二是完善重要站点的视频监控，用信息化手段辅助现场管理工作，并在路况条件允许和保障安全行车的情况下，完善和优化重点公交站点交通标识、标线，为规范公交车进出站秩序创造良好环境。三是在早晚高峰期间组织公交企业人员到重要站点驻站，做好市民乘车引导、督促公交车辆规范进出站、监督公交线路营运等。

南京强化公交企业监督考核机制。依据公交企业安全营运服务考核办法和公交企业高层管理人员考核办法，组织相关职能部门对各公交企业以及高管人员进行考核，将公交企业安全营运服务质量与企业年度应得财政补贴总额的 15% 挂钩，与企业高管人员年薪总额的 30% 挂钩。重点考核公交出行率和群众对公交的满意度，切实促进“公交优先，企业优秀”。

三、强化安全监管

2014 年，为消除城市公共交通行业安全生产隐患，地方城市推出城市公共交通安全管理新举措，积极做好城市公共交通安全防范工作。

宁波市运管部门采取多种措施强化车辆安全管理。一是实行公交车辆出门证制度。出门证由调度室统一签发，调度员确认驾驶员已进行酒精测试、考勤签到、情绪记录、出车前安全教育后方可领取出门证，无出门证的公交车辆一律不允许出场，确保公交车辆的行驶安全和驾驶员出车前具有安全驾驶状态。二是实行公交车辆回场安检制度，确保停车场安全。三是进一步加强公交场站内车辆、人员进出的安全管理，杜绝可疑车辆、人员进入公交场站。

广州市交通部门采取措施，强化公交行业安全生产工作。一是落实企业安全生产主体责任，强化安全生产。二是开展事故教育和应急处置培训活动，在全体公交驾驶员队伍中开展事故经验教育培训。三是深入排查，强化车辆技术性能。加强车辆技术隐患排查，开展安全技术专项检查等技术保障工作。四是完善配置，对车辆消防安全和应急设备开展全面排查。五是组织演练，提高驾驶员应急处置能力。六是加强监控，严格落实现场管理。

第四章　城市轨道交通

截至 2014 年年底，全国城市轨道交通运营线路条数为 92 条，较 2013 年轨道交通运营线路增长 13.6%；线路总长度 2816.1 公里，较 2013 年运营线路长度增长 17.0%；运营总里程 3.3 亿列公里；客运量 126.7 亿人次，同比增长 16.0%。2014 年全国城市轨道交通发展情况见表 4-1。

2014年全国城市轨道交通发展情况

表4-1

城市轨道交通	运营线路长度（公里）	运营线路（条）	运营车辆（标台）	经营企业（户）	从业人员（人）	运营里程（万列公里）	客运量（亿人次）
2014 年全国总数	2816.1	92	41770	31	160508	32709	126.7
同比增长率（%）	17.0	13.6	21.4	19.2	15.3	19.2	16.0

注：数据来源于2014年《交通运输行业发展统计公报》、《城市（县城）客运统计》。

第一节　规划建设

截至 2014 年年底，我国内地已有北京、上海、广州、重庆、深圳、天津、沈阳、长春、哈尔滨、南京、杭州、郑州、武汉、长沙、成都、昆明、西安、宁波、大连、苏州、无锡、佛山 22 个城市开通了城市轨道交通线路。

截至 2014 年年底，全国共建成城市轨道交通车站 1829 个，其中换乘车站 151 个，车站总数最近 5 年年均增长 17.0%。上海市城市轨道交通车站数居全国第一，北京市城市轨道交通换乘站数居全国第一，上海市城市轨道交通车站数为 339 个，北京市城市轨道交通换乘站数为 47 个，分别占全国总数的 18.5% 和 31.1%，全国城市轨道交通情况见图 4-1、图 4-2 和表 4-2。

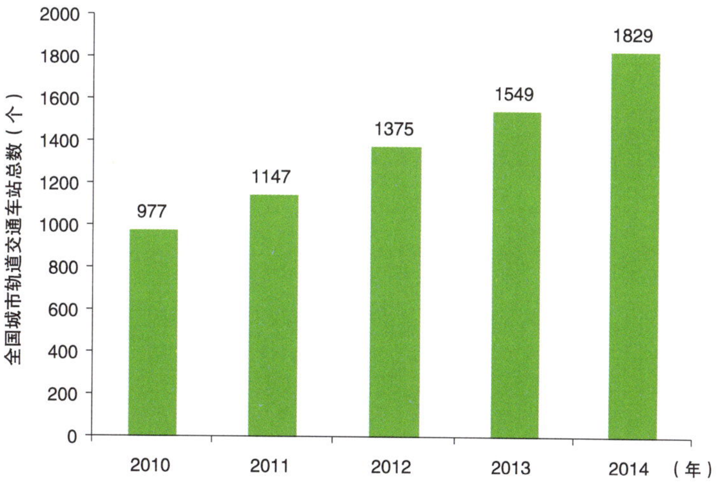

图4-1　2010～2014年全国城市轨道交通车站总数情况

注：数据来源于 2010 ～ 2014 年《城市（县城）客运统计》。

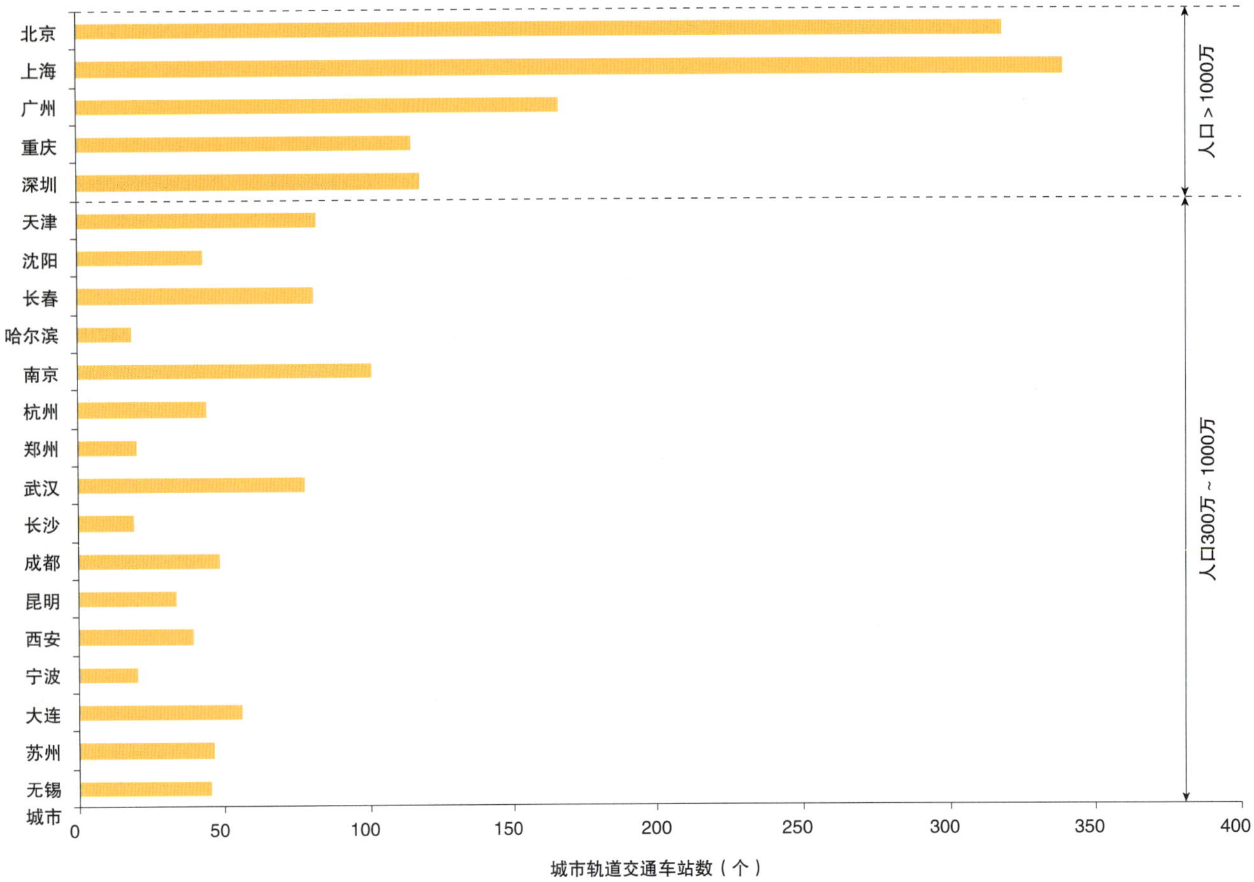

图4-2　2014年全国城市轨道交通车站数量情况

注：1. 数据来源于 2014 年《城市（县城）客运统计》。

2. 上海轨道交通车站数含昆山车站数；广州轨道交通车站数含佛山车站数。

2014年全国城市轨道交通车站数量情况　　**表4-2**

地区	车站数（个）	其中换乘站数（个）	地区	车站数（个）	其中换乘站数（个）
全国	1829	151	杭州	44	1
北京	318	47	郑州	20	—
上海	339	44	武汉	78	3
广州	166	21	长沙	19	—
重庆	115	8	成都	48	1
深圳	118	13	昆明	33	—
天津	82	3	西安	39	1
沈阳	43	1	宁波	20	—
长春	81	1	大连	56	1
哈尔滨	18	—	苏州	46	1
南京	101	4	无锡	45	1

注：1. 数据来源于2014年《城市（县城）客运统计》。

2. 上海轨道交通车站数含昆山车站数；广州轨道交通车站数含佛山车站数。

第二节　运营线路

截至 2014 年年底，全国共有城市轨道交通运营线路 92 条，运营线路总长度 2816.1 公里，较 2013 年分别增长 13.6% 和 17.0%。其中地铁运营线路 76 条，长度为 2418 公里，占全国城市轨道交通运营线路长度的 85.9%；轻轨运营线路 9 条，长度为 303.5 公里；有轨电车运营线路 6 条，长度为 65.5 公里；磁悬浮列车运营线路 1 条，长度为 29.1 公里。具体情况见图 4-3 和图 4-4。

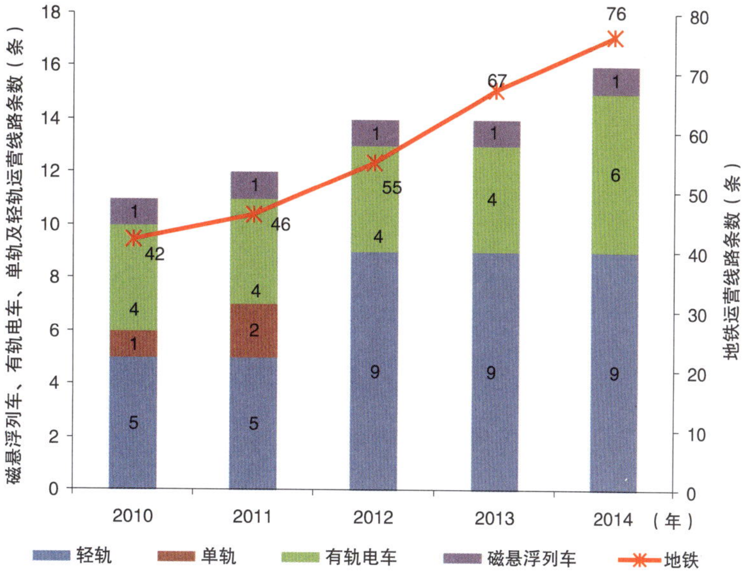

图4-3　2010～2014年全国城市轨道交通运营线路条数情况❶

注：数据来源于 2010 ～ 2014 年《城市（县城）客运统计》。

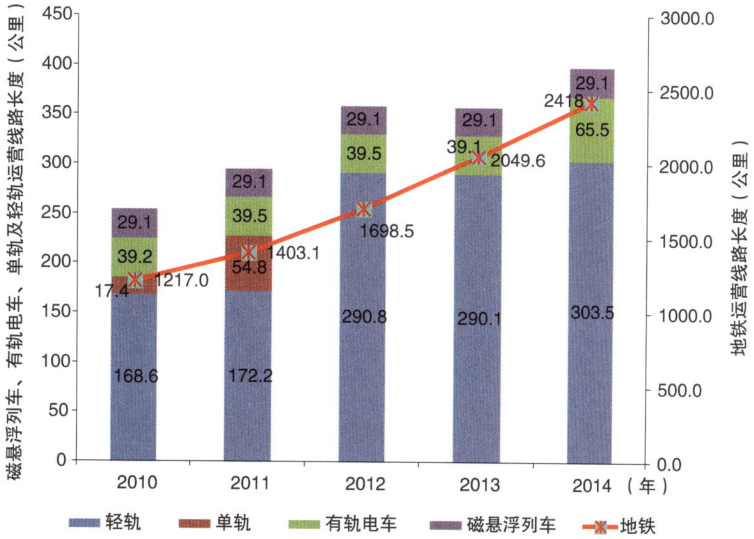

图4-4　2010～2014年全国城市轨道交通运营线路长度情况

注：数据来源于 2010 ～ 2014 年《城市（县城）客运统计》。

❶ 2011 年以前重庆市将轨道交通上报为单轨，2012 年后变更上报为轻轨和地铁。

随着城市轨道交通快速发展，北京、上海、广州和深圳等特大城市轨道交通系统已经进入网络化运营时代。截至2014年年底，北京、上海、广州和深圳的城市轨道交通运营线路条数共计47条，运营里程21386万列公里，分别占全国城市轨道交通运营线路与运营里程总量的51.1%和65.4%，具体数据见图4-5、图4-6和表4-3。

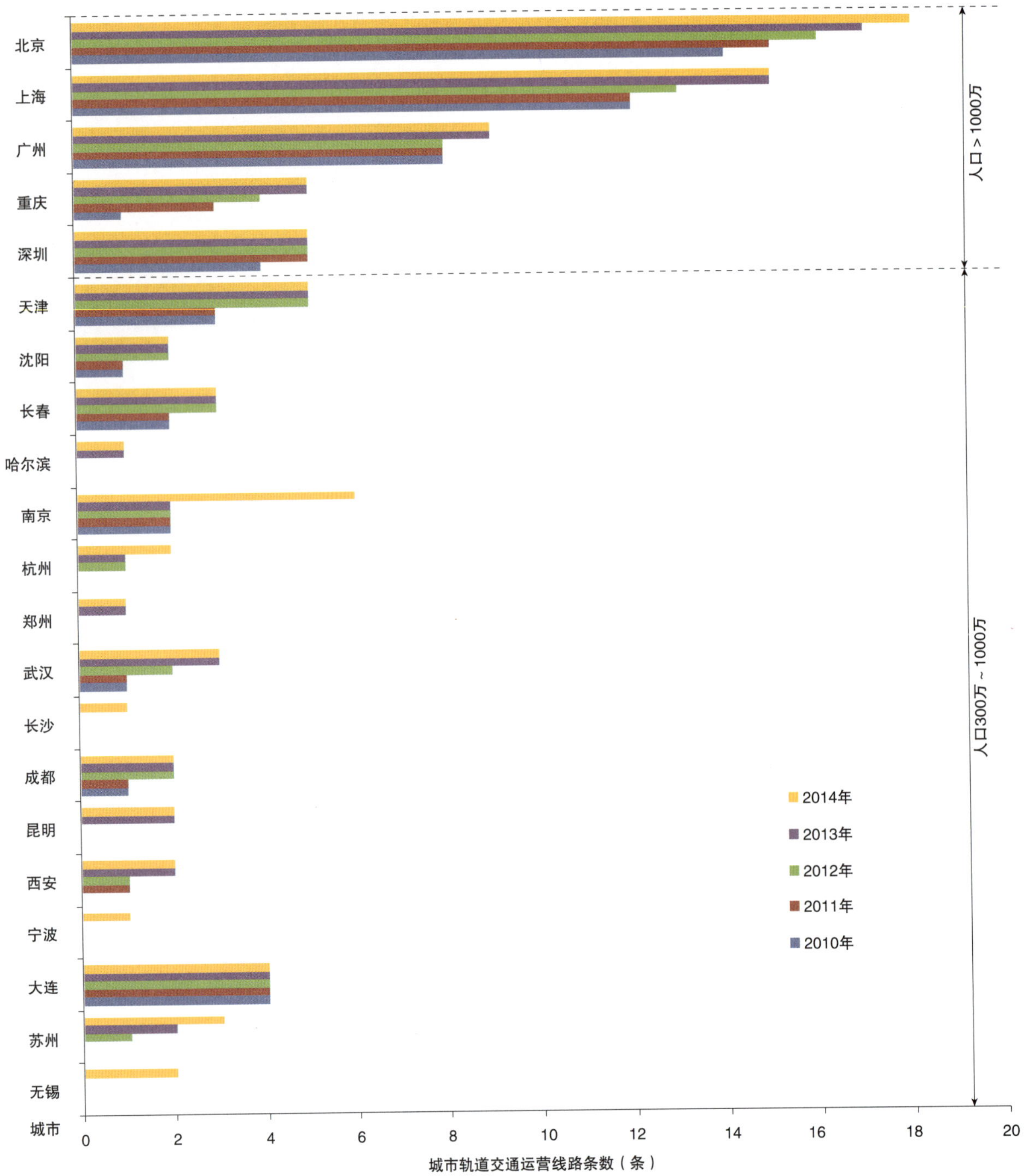

图4-5　2010～2014年全国各城市轨道交通运营线路条数情况

注：1. 数据来源于2010～2014年《城市（县城）客运统计》。

2. 上海轨道交通运营线路含昆山线路；广州轨道交通运营线路含佛山线路。

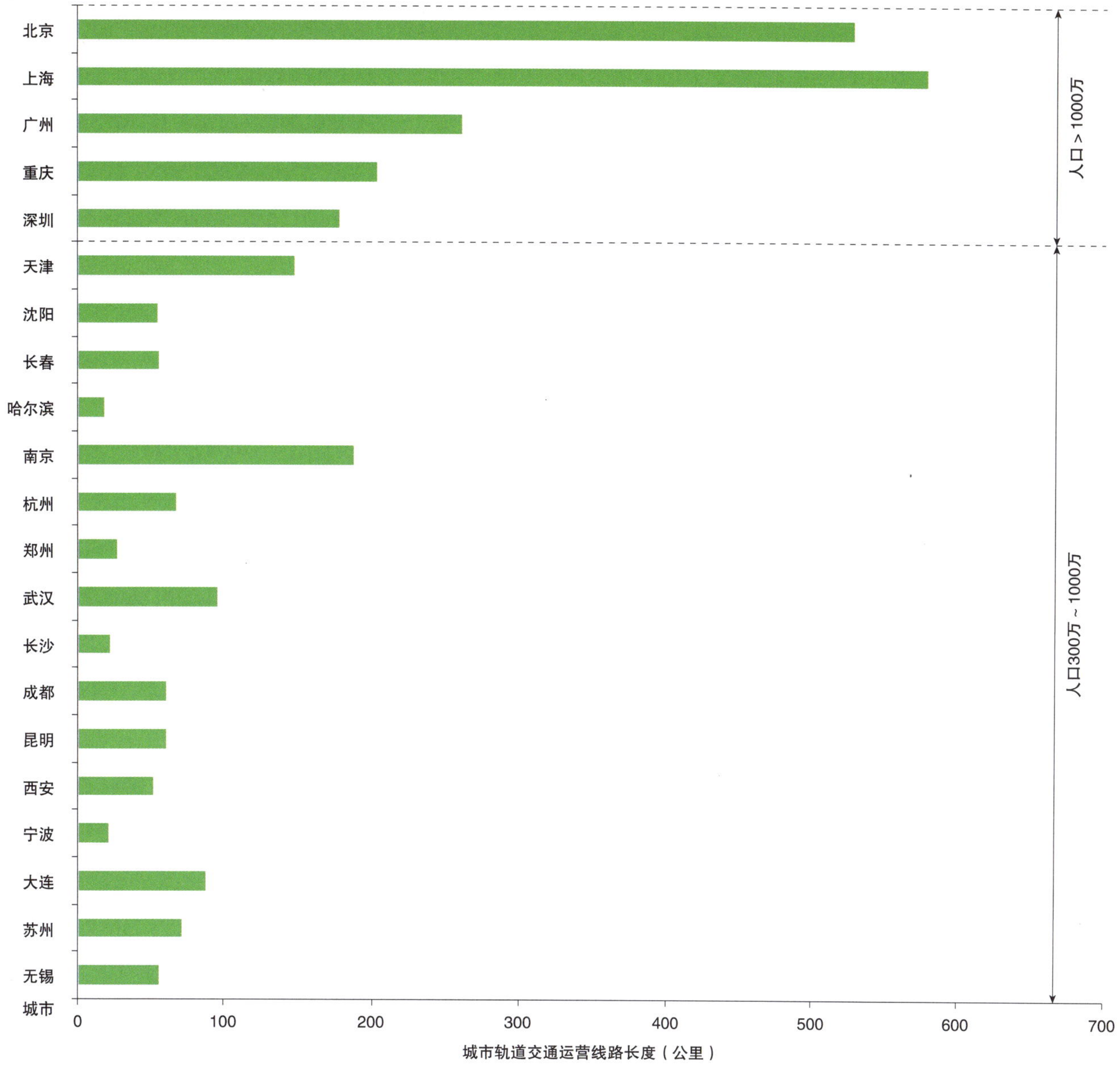

图4-6　2014年全国城市轨道交通运营线路长度情况

注：1. 数据来源于2014年《城市（县城）客运统计》。

2. 上海轨道交通运营线路含昆山线路；广州轨道交通运营线路含佛山线路。

2014年全国城市轨道交通运营线路长度情况　　　　**表4-3**

地区	运营线路长度（公里）				
	合计	地铁	轻轨	有轨电车	磁悬浮列车
全国	2816.1	2418.0	303.5	65.5	29.1
北京	527.0	527.0	—	—	—
上海	577.5	548.4	—	—	29.1

续上表

地区	运营线路长度（公里）				
	合计	地铁	轻轨	有轨电车	磁悬浮列车
广州	260.0	260.0	—	—	—
重庆	202.0	113.3	88.7	—	—
深圳	177.0	177.0	—	—	—
天津	147.1	86.9	52.3	7.9	—
沈阳	54.0	54.0	—	—	—
长春	54.5	—	46.9	7.6	—
哈尔滨	17.2	17.2	—	—	—
南京	186.9	179.1	—	7.8	—
杭州	66.3	66.3	—	—	—
郑州	26.2	26.2	—	—	—
武汉	95.3	95.3	—	—	—
长沙	21.9	21.9	—	—	—
成都	59.3	59.3	—		—
昆明	59.3	59.3	—		—
西安	50.9	50.9	—		—
宁波	20.9	20.9	—	—	—
大连	87.0	—	63.4	23.6	—
苏州	70.8	—	52.2	18.6	—
无锡	55.0	55.0	—	—	—

注：1. 数据来源于2014年《城市（县城）客运统计》。

2. 上海轨道交通运营线路长度含昆山线路；广州轨道交通运营线路长度含佛山线路。

第三节 运营车辆

截至2014年年底，全国城市轨道交通运营车辆共计17300辆，编组列数3077列，折合为41770标台，较2013年分别增长20.4%、19.3%和21.4%。其中地铁运营车辆15696辆，轻轨运营车辆1372辆，有轨电车运营车辆215辆，磁悬浮列车运营车辆17辆。城市轨道交通运营车辆数量位居前3位的依次为北京、上海和广州，分别占全国轨道交通运营车辆总量的27.0%、21.3%和10.9%。2014年全国城市轨道交通运营车辆数量情况见表4-4。2014年全国城市轨道交通运营车辆数量情况见图4-7。

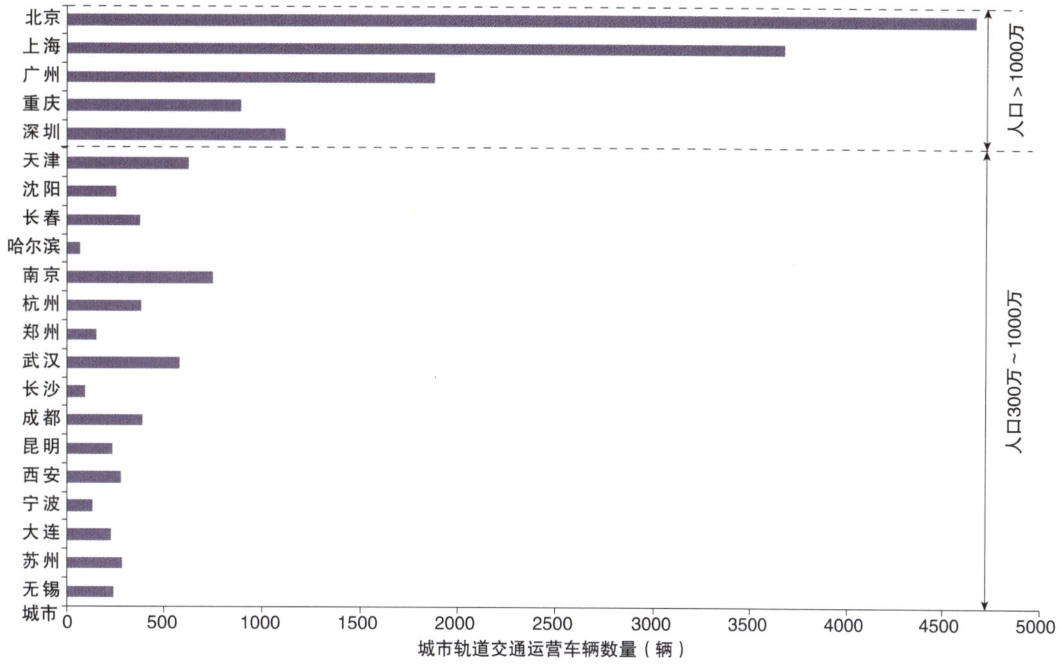

图4-7　2014年全国城市轨道交通运营车辆数量情况

注：数据来源于2014年《城市（县城）客运统计》。

2014年全国城市轨道交通运营车辆数量情况　　**表4-4**

地区	运营车辆（辆）					运营车辆（标台）	编组列数（列）
	合计	地铁	轻轨	有轨电车	磁悬浮列车		
全国	17300	15696	1372	215	17	41770	3077
北京	4664	4664	—	—	—	11660	751
上海	3677	3660	—	—	17	9193	623
广州	1878	1878	—	—	—	4678	350
重庆	888	390	498	—	—	1824	148
深圳	1118	1118	—	—	—	2815	188
天津	626	450	152	24	—	1529	121
沈阳	258	258	—	—	—	645	43
长春	380	—	351	29	—	490	106
哈尔滨	66	66	—	—	—	165	11
南京	746	726	—	20	—	1790	129
杭州	384	384	—	—	—	960	64
郑州	150	150	—	—	—	375	25
武汉	578	578	—	—	—	1445	112
长沙	96	96	—	—	—	240	16
成都	390	390	—	—	—	975	65
昆明	234	234	—	—	—	234	39
西安	282	282	—	—	—	705	47

续上表

地区	运营车辆(辆)					运营车辆(标台)	编组列数(列)
	合计	地铁	轻轨	有轨电车	磁悬浮列车		
大连	228	—	156	72	—	530	115
苏州	285	—	215	70	—	587	62
宁波	132	132	—	—	—	330	22
无锡	240	240	—	—	—	600	40

注:数据来源于2014年《城市(县城)客运统计》。

第四节 经营主体

截至2014年年底,全国城市轨道交通运营企业共有31户。其中上海市最多,为6户;北京、深圳、天津、南京、杭州各为2户;广州、重庆、沈阳、长春、哈尔滨、郑州、武汉、长沙、成都、昆明、西安、宁波、大连、苏州、无锡均为1户。

截至2014年年底,全国城市轨道交通行业从业人员为16.1万人。其中,北京市从业人员最多,为3.5万人,占全国城市轨道交通行业从业人员总数的21.7%。大部分从业人员集中在城市轨道交通线路已联网运营的城市,具体数据见图4-8和表4-5。

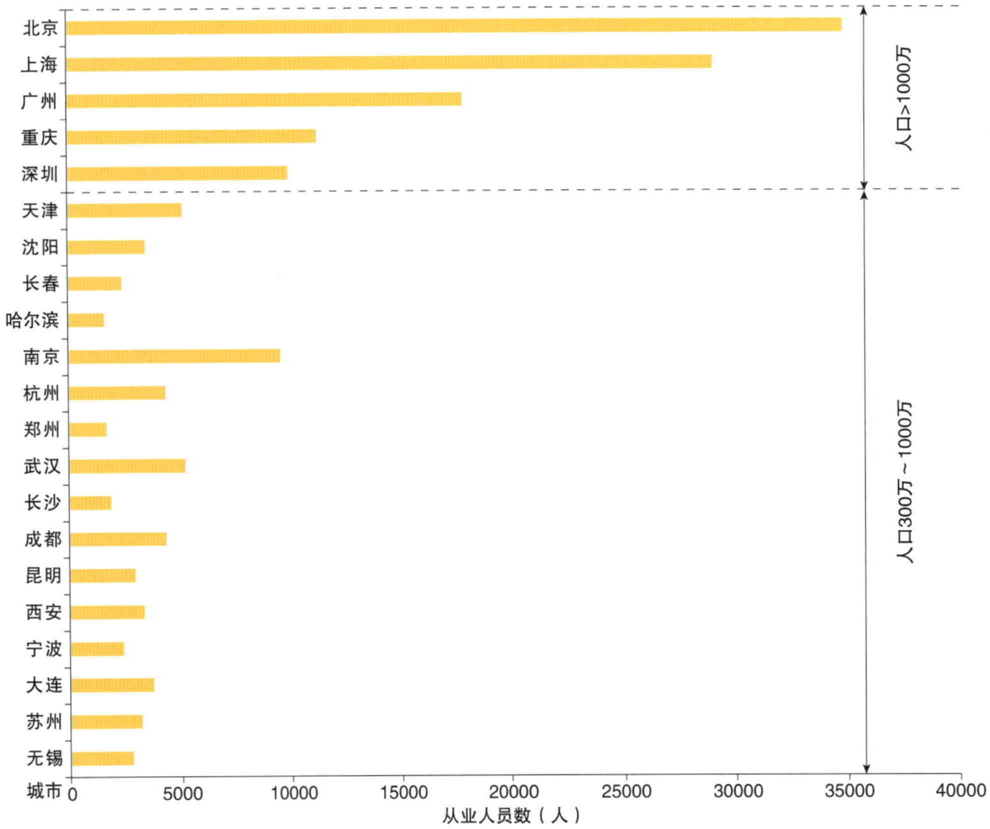

图4-8 2014年全国城市轨道交通从业人员情况

注:数据来源于2014年《城市(县城)客运统计》。

2014年全国城市轨道交通从业人员情况 **表4-5**

市区人口（万人）	城市	从业人员（人）	运营线路长度（公里）
	全国	160508	2816.1
＞1000	北京	34759	527.0
	上海	28987	577.5
	广州	17829	260.0
	重庆	11178	202.0
	深圳	9896	177.0
300～1000	天津	5124	147.1
	沈阳	3460	54.0
	长春	2422	54.5
	哈尔滨	1590	17.2
	南京	9486	186.9
	杭州	4355	66.3
	郑州	1706	26.2
	武汉	5205	95.3
	长沙	1862	21.9
	成都	4339	59.3
	昆明	2913	59.3
	西安	3318	50.9
	宁波	2375	20.9
	大连	3718	87.0
	苏州	3192	70.8
	无锡	2794	55.0

注：数据来源于2014年《城市（县城）客运统计》。

第五节　运营指标

截至2014年年底，全国城市轨道交通运营里程32709万列公里，较2013年增加了19.2%，客运量126.7亿人次，较2013年增加16.0%。北京、上海、广州等城市的轨道交通网络已形成，网络化运输效率显著提高，在居民出行服务上发挥了重要作用，例如，北京市轨道交通日均客运量已达到927.9万人次。2014年全国城市轨道交通运营指标见表4-6。

2014年全国城市轨道交通运营指标情况 表4-6

城市	运营里程（万列公里）	客运量（万人次）	日均客运量（万人次）	城市	运营里程（万列公里）	客运量（万人次）	日均客运量（万人次）
全国	32709.0	1266576.0	3470.1	杭州	752.0	14515.0	39.8
北京	7225.0	338668.0	927.9	郑州	230.0	6786.0	18.6
上海	7007.0	282727.0	774.6	武汉	1090.0	35624.0	97.6
广州	4646.0	227790.0	624.1	长沙	147.0	4580.0	12.5
重庆	1865.0	51710.0	141.7	成都	682.0	22692.0	62.2
深圳	2508.0	103675.0	284.0	昆明	488.0	4922.0	13.5
天津	1290.0	30061.0	82.4	西安	574.0	29953.0	82.1
沈阳	541.0	25775.0	70.6	宁波	112.0	1388.0	3.8
长春	617.0	7661.0	21.0	大连	652.0	9225.0	25.3
哈尔滨	162.0	5387.0	14.8	苏州	574.6	11558.6	31.7
南京	1434.0	50317.0	137.9	无锡	111.1	1561.5	4.3

注：数据来源于2014年《城市（县城）客运统计》。

全国开通城市轨道交通的城市中，城市轨道交通客运量占公共交通客运量的比例最多的前3位是上海、广州和北京，分别占公共交通客运量的51.5%、46.2%和41.5%，具体数据见图4-9。

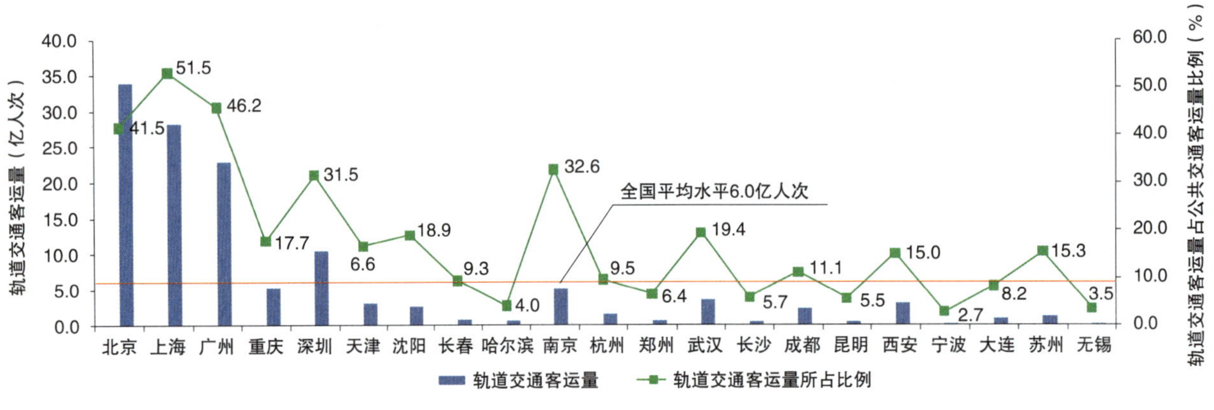

图4-9　2014年全国城市轨道交通客运量占城市公共交通客运量比例情况

注：数据来源于2014年《城市（县城）客运统计》。

2014年全国开通轨道交通的城市中，年人均乘坐城市轨道交通次数位列前3位的城市分别是广州170.8次/人·年、北京160.1次/人·年、上海117.1次/人·年，具体数据见图4-10。

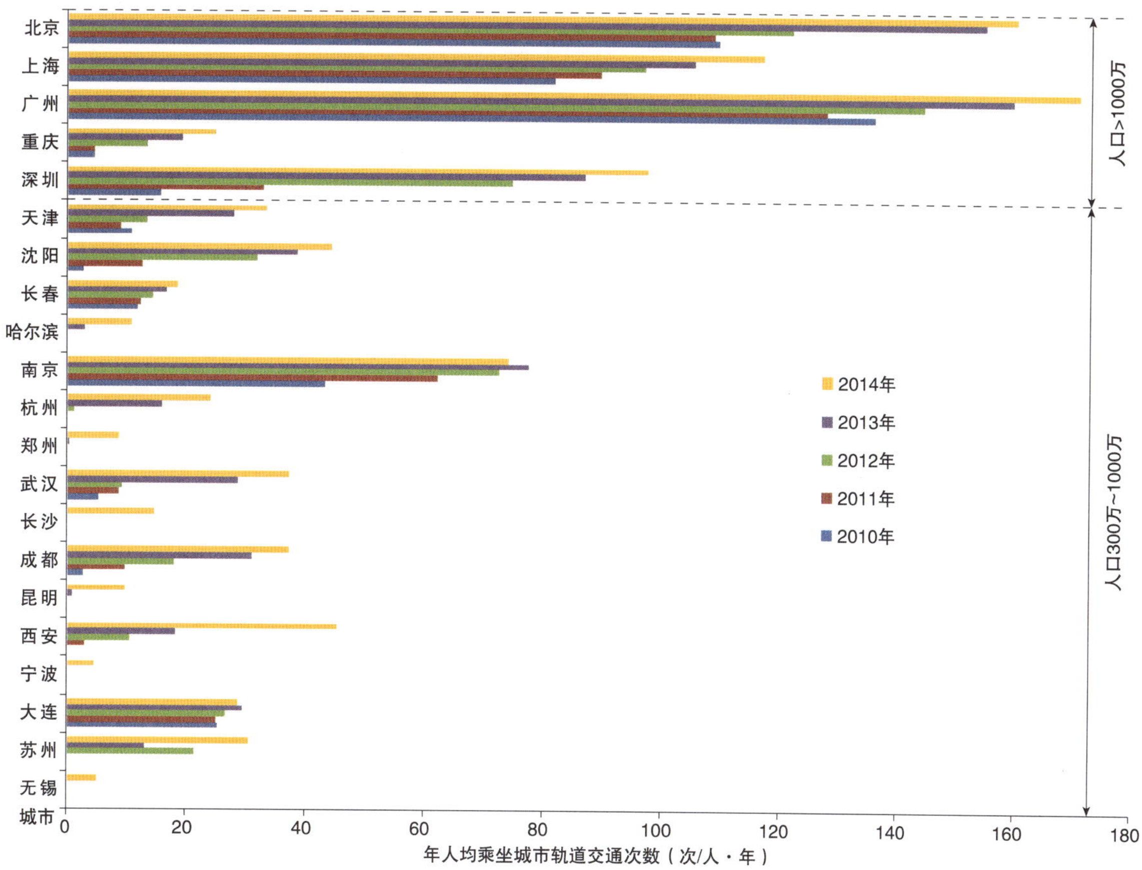

图4-10　2010～2014年全国城市人均乘坐城市轨道交通次数情况

注：数据来源于 2010 ～ 2014 年《城市（县城）客运统计》。

第六节　行业管理

2014 年，城市轨道交通行业加大安全运营管理力度，不断推动城市轨道交通标准化建设，并积极开展行业内的经验交流。

一、开展安全治理专项活动

根据交通运输部、公安部和国家安全监管总局联合下发的《交通运输部　公安部　国家安全监管总局关于深入开展城市轨道交通运营安全隐患排查治理专项活动的通知》(交运发〔2013〕739 号)，2014 年 5 月，交通运输部、公安部、国家安全监管总局赴上海、成都、昆明等 9 个城市对城市轨道交通安全隐患排查治理专项活动开展情况进行督导，三部委联合起草了《关于城市轨道交通运营安全隐患排查治理专项活动情况的报告》，并上报国务院。为汲取国内外多起城市轨道交通安全事故教训，加强防范，交通运输部下发了《交通运输部关于加强城市轨道交通运营安全管理工作的紧急通知》(交运明电〔2014〕10 号)。2014 年 7 月，公安部、交通运输部联合印发《公安部　交通运输部关于切实加强城市公共交通安保工作的通知》，提出切实加强城市公共交通安保工作，保障人民群众生命财产安全，维护公共安全和社会稳定。

二、出台关于加强城市轨道交通运营安全管理的意见

2014 年 10 月，交通运输部出台《交通运输部关于加强城市轨道交通运营安全管理的意见》（交运发〔2014〕201 号），提出健全体制机制、加快法规标准建设、完善管理制度、深化应急能力建设、加快信息化建设、营造安全运营环境、提升运营服务水平等 7 个方面共计 22 条管理措施，旨在用 3 年左右时间，采取切实有效的管理措施，使运营安全管理体制机制基本完善，监管能力显著增强，管理工作显著加强，安全应急能力显著提升，乘客满意度和社会认可度显著提高。

三、推进城市轨道交通标准化建设

全国城市客运标准化技术委员会制定了城市轨道交通运营相关的标准体系，并纳入《城市客运标准体系（2014 年）》发布。全国城市客运标准化技术委员会还组织交通运输部科学研究院等单位编制了《城市轨道交通试运营系统测试检验规范　第 1 部分：地铁和轻轨》《城市轨道交通行车值班员技能和素质要求　第 1 部分：地铁、轻轨和单轨》《城市轨道交通列车驾驶员技能和素质要求　第 1 部分：地铁、轻轨和单轨》和《城市轨道交通行车调度员技能和素质要求　第 1 部分:地铁、轻轨和单轨》等标准，2014 年 12 月，通过交通运输部官方网站公开征求意见。

四、加强城市轨道交通应急能力建设

按照国务院应急办要求，交通运输部对现行《国家处置城市地铁事故灾难应急预案》进行了修订，2014 年 7 月，征求了相关省（直辖市、自治区）交通运输厅（局、委）的意见，9 月，再次联合国务院应急办进行实地调研，进一步修改完善预案，形成了《国家处置城市轨道交通运营突发事件应急预案（代拟稿）》，已上报国务院。2014 年 12 月，交通运输部指导北京市交通委员会开展城市轨道交通重大运营突发事件处置应急演练，为全国城市轨道交通运营安全应急处置提供经验借鉴。

五、开展城市轨道交通运营管理经验交流

2014 年 11 月，中国城市轨道交通协会运营管理专业委员会组织召开了城市轨道交通运营管理工作座谈会。座谈会邀请全国各地 20 余家城市轨道交通运营企业（北京市地铁运营有限公司、上海申通地铁集团有限公司、广州市地下铁道总公司、深圳市地铁集团有限公司、重庆市轨道交通（集团）有限公司、成都地铁运营有限公司、哈尔滨地铁集团有限公司运营分公司、港铁轨道交通（深圳）有限公司、苏州高新有轨电车有限公司运营分公司等）的运营主管领导，针对各企业运营工作中的突出问题、困难和经验教训进行了交流，并提出了对城市轨道交通行业管理工作的意见和建议。

第五章　出租汽车

截至2014年年底，全国共有出租汽车137.0万辆，较2013年增加2.2%；出租汽车经营企业为8428户，较2013年增长0.6%；个体经营业户为126292户，较2013年下降2.8%；从业人员为261.8万人，较2013年增加0.3%；2014年出租汽车运营里程为1618.1亿公里，较2013年增长1.6%，车均年运营里程为11.8万公里/辆•年；2014年出租汽车载客运营里程为1112.6亿公里，总客运量为406.1亿人次，较2013年增加1.0%。2014年全国出租汽车发展情况见表5-1。

2014年全国出租汽车发展情况

表5-1

年度对比＼经营数据	运营车辆数（辆）	经营企业（户）	个体经营业户（户）	从业人员（万人）	运营里程（万公里）	客运量（亿人次）	里程利用率（%）
2014年全国总数	1370108	8428	126292	261.8	16181143	406.1	68.8
较2013年同比增长率（%）	2.2	0.6	−2.8	0.3	1.6	1.0	−0.4

注：数据来源于2014年《交通运输行业发展统计公报》、《城市（县城）客运统计》。

第一节　运营车辆

截至2014年年底，全国共有出租汽车运营车辆137.0万辆，2010～2014年全国出租汽车运营车辆数量排在前5位的省是黑龙江、辽宁、山东、吉林、河北，具体数据见图5-1和表5-2。

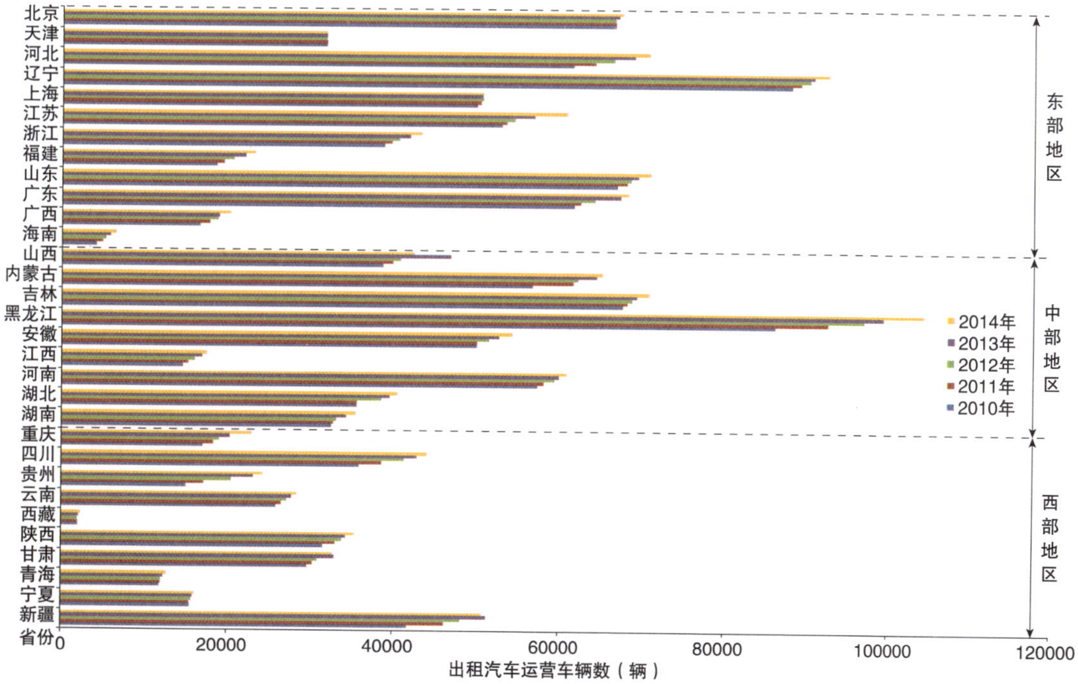

图5-1　2010～2014年全国31个省（自治区、直辖市）出租汽车运营车辆情况

注：数据来源于2010～2014年《城市（县城）客运统计》。

2014年全国出租汽车运营车辆数量情况 表5-2

东部地区	运营车辆数（辆）	中部地区	运营车辆数（辆）	西部地区	运营车辆数（辆）
北京	67546	山西	42482	重庆	23050
天津	31940	内蒙古	65314	四川	44183
河北	70728	吉林	70859	贵州	24414
辽宁	92688	黑龙江	104629	云南	28497
上海	50738	安徽	54280	西藏	2325
江苏	60872	江西	17499	陕西	35527
浙江	43303	河南	60935	甘肃	32892
福建	23384	湖北	40617	青海	12749
山东	70940	湖南	35610	宁夏	16119
广东	68334			新疆	50828
广西	20386				
海南	6440				

注：数据来源于2014年《城市（县城）客运统计》。

按车辆燃料类型分，全国出租汽车运营车辆主要分为汽油车、乙醇汽油车、柴油车、液化石油气（LPG）车、压缩天然气（CNG）车、双燃料车和纯电动车。截至2014年年底，全国出租汽车中汽油车50.5万辆，较2013年降低7.9%；乙醇汽油车20.4万辆，柴油车4.9万辆，液化石油气车1.9万辆，压缩天然气车4.5万辆，双燃料车54.1万辆；纯电动车3980辆，较2013年增长121%。传统的汽油车占绝对优势的现状没有彻底改变，但汽油车占各燃料类型的比例逐年降低，而双燃料车的比例逐年升高；混合动力、纯电动、压缩天然气等新能源和清洁燃料车辆在公共汽车和出租汽车领域的示范推广应用等相关政策得到了积极地落实。具体情况见图5-2、图5-3和表5-3。

2014年全国出租汽车运营车辆按燃料类型划分情况 表5-3

数量＼分类	汽油车	乙醇汽油车	柴油车	液化石油气车	压缩天然气车	双燃料车	纯电动车	其他
车辆数（辆）	505342	204321	48902	19123	44886	540779	3980	2775
占总量比例（%）	36.9	14.9	3.6	1.4	3.3	39.5	0.3	0.2

注：数据来源于2014年《城市（县城）客运统计》。

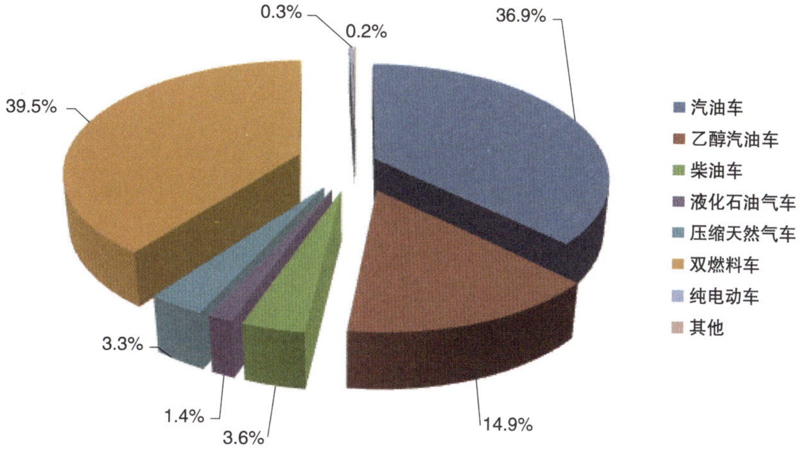

图5-2　2014年全国出租汽车运营车辆按照燃料类型划分情况

注：数据来源于 2014 年《城市（县城）客运统计》。

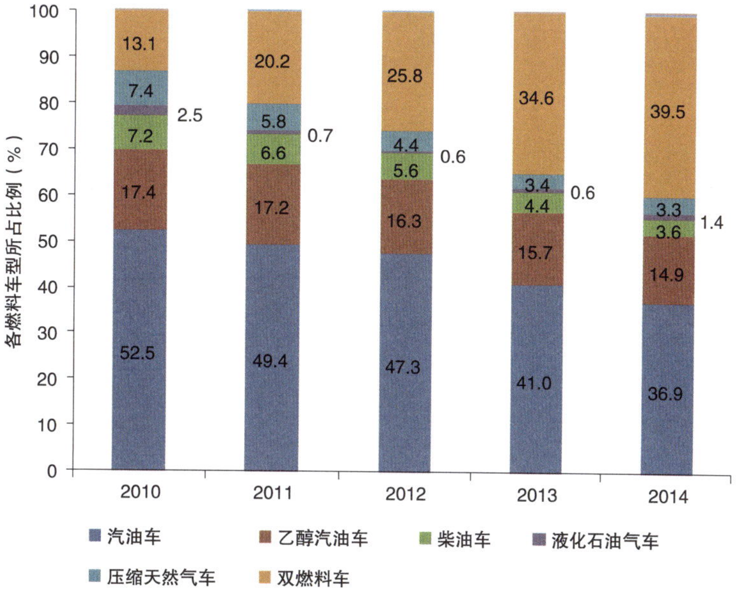

图5-3　2010～2014年全国出租汽车运营车辆燃料类型情况

注：1. 数据来源于 2010 ～ 2014 年《城市（县城）客运统计》

2. “纯电动车”、“其他”所占比例均小于 0.3%，在图中未能显示。

截至 2014 年年底，全国 36 个中心城市中有 9 个城市以汽油出租汽车为主（汽油车数量占出租汽车总数的比例超过 50%），分别为北京、上海、深圳、天津、杭州、南宁、贵阳、昆明、南昌；有 20 个城市以双燃料出租汽车为主（双燃料车数量占出租汽车总数的比例超过 50%），分别为广州、重庆、太原、南京、合肥、济南、郑州、武汉、长沙、成都、西安、石家庄、宁波、青岛、厦门、呼和浩特、福州、海口、西宁、银川；有 2 个城市以压缩天然气出租汽车为主（压缩天然气车数量占出租汽车总数的比例超过 50%），分别为兰州、乌鲁木齐；目前有北京、深圳、杭州、合肥、海口、银川、新乡、株洲等城市开始使用纯电动出租汽车。2014 年全国 36 个中心城市出租汽车按燃料类型划分见表 5-4。

2014年全国36个中心城市出租汽车运营车辆按燃料类型划分情况　　表5-4

市区人口（万人）	地区	出租汽车运营车辆数（辆）								
		合计	汽油车	乙醇汽油车	柴油车	液化石油气车	压缩天然气车	双燃料车	纯电动客车	其他
＞1000	北京	67546	65046	—	—	—	—	2000	500	—
	上海	50738	49857	—	349	—	—	532	—	—
	广州	21320	50	—	—	4132	—	17038	100	—
	重庆	19629	—	—	—	—	1371	18258	—	—
	深圳	16275	15425	—	—	—	—	—	850	—
300～1000	天津	31940	31864	—	—	—	—	76	—	—
	太原	8292	919	—	2	—	312	7059	—	—
	沈阳	18929	—	4324	3345	—	—	9407	—	1853
	长春	16967	—	12968	3999	—	—	—	—	—
	哈尔滨	16518	—	13115	3403	—	—	—	—	—
	南京	13688	812	—	1	—	—	12175	700	—
	杭州	11644	7146	—	279	250	—	3409	560	—
	合肥	9402	—	—	—	—	—	8902	500	—
	济南	8857	—	—	—	—	—	8857	—	—
	郑州	10719	111	—	—	—	—	10608	—	—
	武汉	16597	562	—	—	—	—	16035	—	—
	长沙	7817	1308	—	563	—	—	5946	—	—
	南宁	6723	4590	—	100	—	—	2033	—	—
	成都	16035	2290	—	—	—	—	13745	—	—
	贵阳	7535	6410	—	1006	—	—	119	—	—
	昆明	8097	6637	—	37	—	1173	200	50	—
	西安	13252	—	—	—	—	—	13232	—	20
	石家庄	6825	—	—	—	—	—	6825	—	—
	乌鲁木齐	12338	—	—	—	—	12338	—	—	—
	宁波	4627	34	—	1627	—	—	2966	—	—
	大连	11193	1160	—	45	8283	855	—	—	850
	青岛	9720	1035	—	7	—	—	8678	—	—
	厦门	5209	17	—	—	—	—	5192	—	—

续上表

市区人口（万人）	地区	出租汽车运营车辆数（辆）								
		合计	汽油车	乙醇汽油车	柴油车	液化石油气车	压缩天然气车	双燃料车	纯电动客车	其他
100 ~ 300	呼和浩特	5568	—	—	—	—	—	5568	—	—
	福州	6345	1536	—	1042	—	—	3767	—	—
	南昌	5431	3516	—	1534	—	40	341	—	—
	海口	3020	200	—	25	—	—	2515	280	—
	兰州	7054	—	—	—	—	7054	—	—	—
	西宁	5666	120	—	—	—	—	5546	—	—
	银川	4930	—	—	—	—	—	4880	50	—
< 100	拉萨	1360	—	—	—	1360	—	—	—	—

注：数据来源于2014年《城市（县城）客运统计》。

第二节　经营主体

一、企业概况

2010 ~ 2014 年全国出租汽车企业经营主体情况见图 5-4。

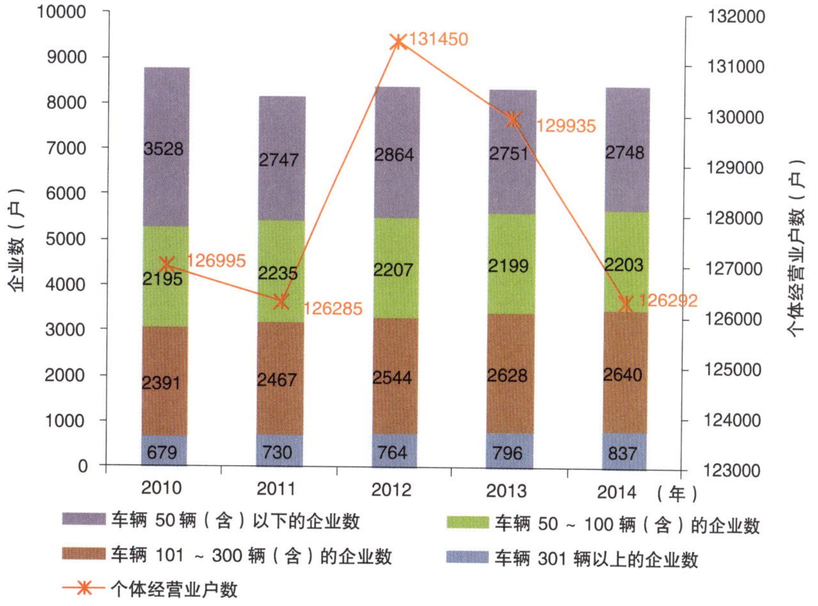

图5-4　2010 ~ 2014年全国出租汽车企业经营主体情况

注：数据来源于 2010 ~ 2014 年《城市（县城）客运统计》。

截至2014年年底，全国出租汽车个体经营业户数为126292户，较2013年降低2.8%。全国出租汽车企业共计8428户，较2013年增加54户，其中：运营车辆数在301辆以上的企业数为837户；运营车辆数在50辆(含)以下的企业数为2748户。2014年全国出租汽车企业运营车辆规模所占比例见图5-5和表5-5。

2014年全国出租汽车企业运营车辆规模所占比例情况 表5-5

类型	运营车辆301辆以上	运营车辆101～300辆（含）企业数	运营车辆51～100辆（含）企业数	运营车辆50辆（含）以下企业数
企业数量（户）	837	2640	2203	2748
所占比例（%）	9.9	31.3	26.1	32.6

注：数据来源于2014年《城市（县城）客运统计》。

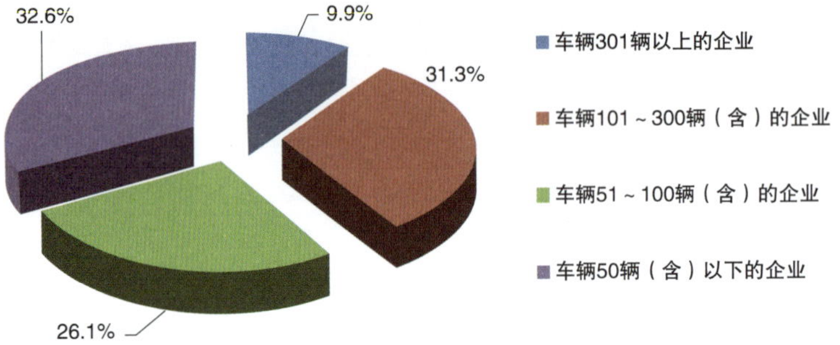

图5-5 2014年全国出租汽车企业按车辆规模划分及所占比例情况

注：数据来源于2014年《城市（县城）客运统计》。

二、从业人员

截至2014年年底，全国出租汽车从业人员达261.8万人，较2013年增加0.3%。2010～2014年全国出租汽车从业人员数量情况见图5-6。

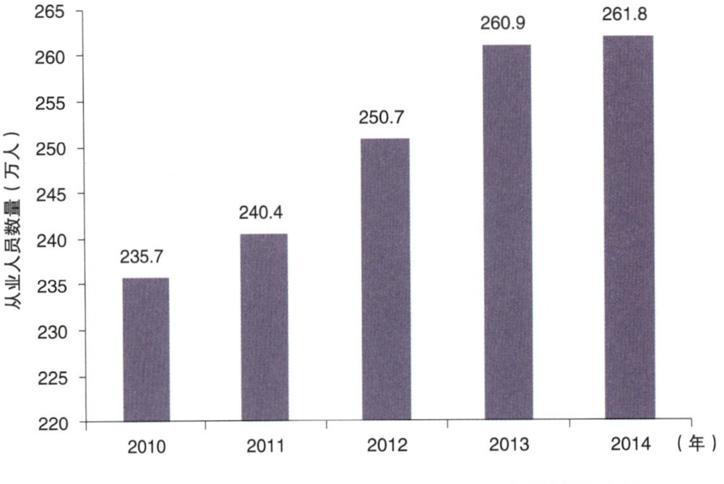

图5-6 2010～2014年全国出租汽车从业人员数量情况

注：数据来源于2014年《城市（县城）客运统计》。

全国31个省（自治区、直辖市）出租汽车行业平均从业人员为8.4万人。从业人数最多的为辽宁省，达20.2万人；其次为吉林省，16.9万人；第三名为黑龙江省，15.6万人。2010～2014年全国31个省（自治区、直辖市）出租汽车从业人员数量情况见图5-7和表5-6。

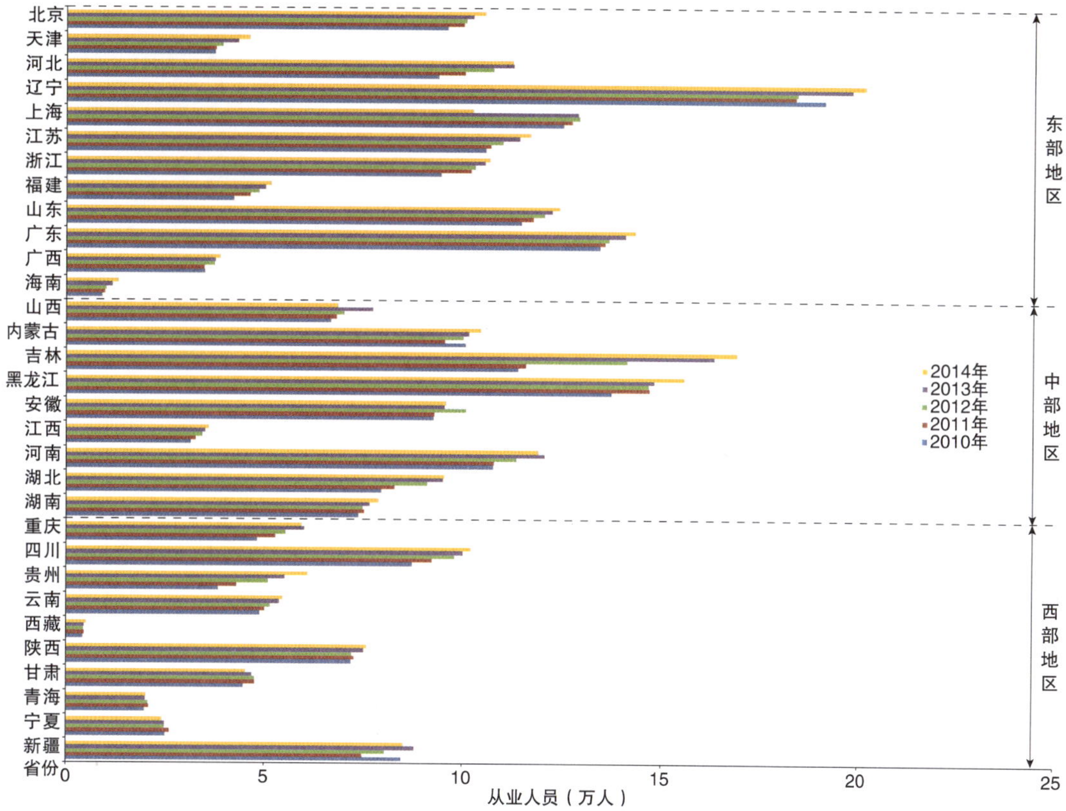

图5-7　2010～2014年全国31个省（自治区、直辖市）出租汽车从业人员情况

注：数据来源于《城市（县城）客运统计》。

2014年全国31个省（自治区、直辖市）出租汽车从业人员情况　　**表5-6**

东部地区	出租汽车从业人员（人）	中部地区	出租汽车从业人员（人）	西部地区	出租汽车从业人员（人）
北京	105357	山西	68315	重庆	59284
天津	46176	内蒙古	104422	四川	101966
河北	112249	吉林	168881	贵州	60836
辽宁	201794	黑龙江	155669	云南	54697
上海	102299	安徽	95805	西藏	5207
江苏	116767	江西	36103	陕西	75758
浙江	106583	河南	119123	甘肃	45375
福建	51515	湖北	95343	青海	20435
山东	124400	湖南	78667	宁夏	24500
广东	143105			新疆	85201
广西	38961				
海南	13353				

注：数据来源于2014年《城市（县城）客运统计》。

第三节 运营指标

一、运营里程

截至 2014 年年底，全国出租汽车运营总里程为 1618.1 亿公里，较 2013 年增长 1.6%，2014 年全国 31 个省（自治区、直辖市）出租汽车年运营里程见表 5-7。2014 年全国平均每辆出租汽车年运营里程为 11.8 万公里 / 辆 • 年，其中西藏自治区每辆车平均年运营里程最高，为 19.9 万公里 / 辆 • 年，具体数据见图 5-8。2010 ~ 2014 年全国 31 个省（自治区、直辖市）出租汽车每辆车平均年运营里程见图 5-9。

2014年全国31个省（自治区、直辖市）出租汽车年运营里程情况 表5-7

东部地区	运营里程（万公里）	中部地区	运营里程（万公里）	西部地区	运营里程（万公里）
北京	654529	山西	404905	重庆	411297
天津	342856	内蒙古	613039	四川	634101
河北	716492	吉林	754691	贵州	270325
辽宁	1225271	黑龙江	927879	云南	249310
上海	627941	安徽	692230	西藏	46246
江苏	773278	江西	203558	陕西	471030
浙江	659527	河南	681903	甘肃	317255
福建	328409	湖北	595716	青海	128193
山东	865133	湖南	527989	宁夏	163416
广东	1026883			新疆	572697
广西	202282				
海南	92762				

注：数据来源于2014年《城市（县城）客运统计》。

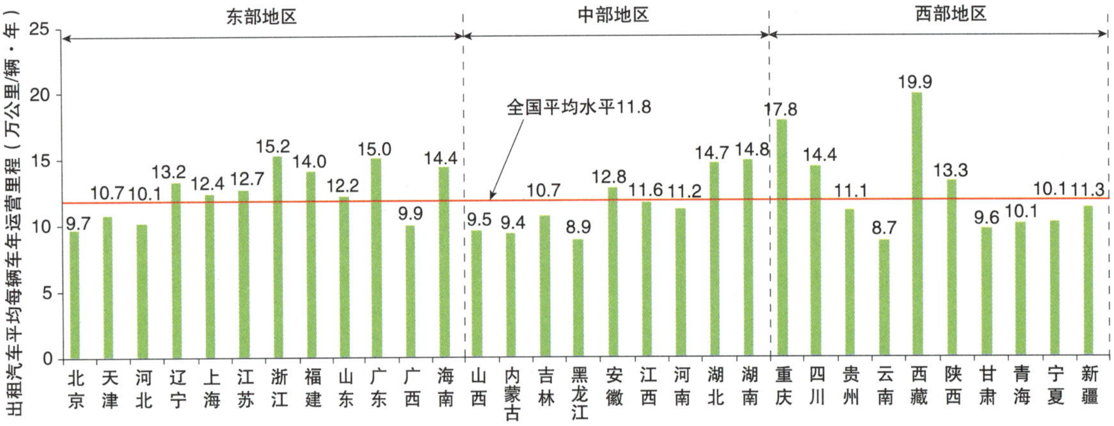

图5-8 2014年全国31个省（自治区、直辖市）出租汽车平均每辆车年运营里程情况

注：数据来源于 2014 年《城市（县城）客运统计》。

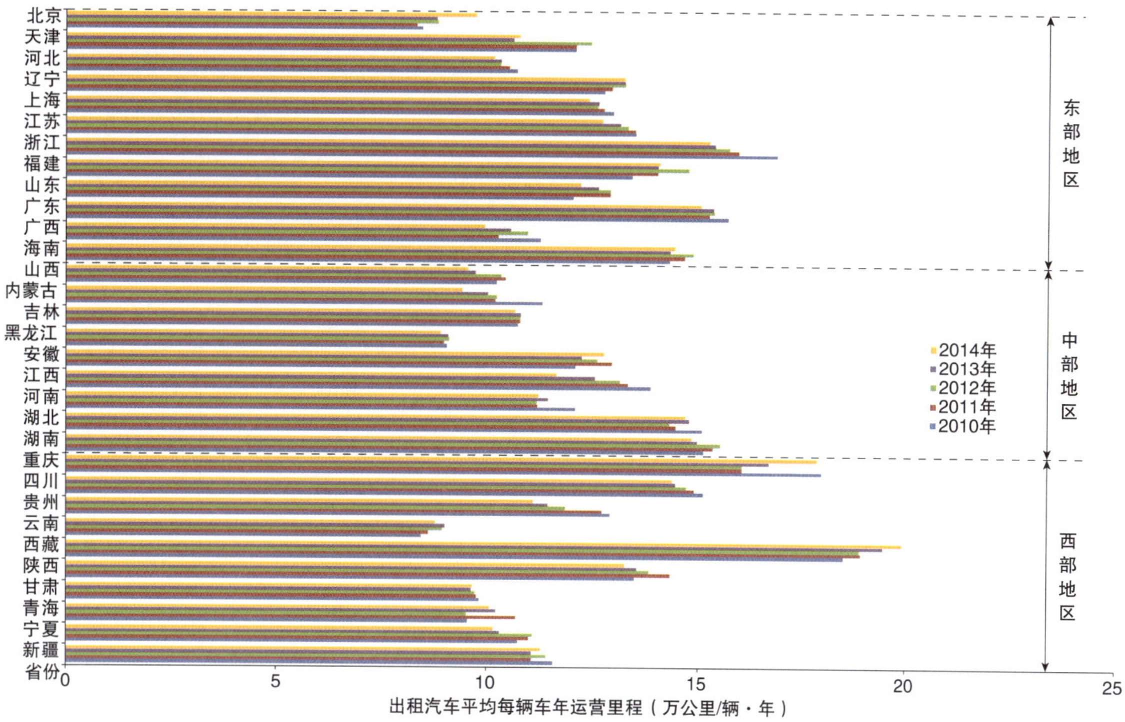

图5-9　2010～2014年全国31个省（自治区、直辖市）出租汽车平均每辆车年运营里程情况

注：数据来源于2010～2014年《城市（县城）客运统计》。

截至2014年年底，全国36个中心城市中有24个城市每辆出租汽车平均年运营里程超过全国平均水平，其中拉萨市每辆出租汽车平均年运营里程最高，为19.8万公里/辆•年。2014年全国36个中心城市出租汽车平均每辆车年运营里程见表5-8，2010～2014年全国36个中心城市每辆出租汽车平均年运营里程见图5-10。

2014年全国36个中心城市出租汽车平均每辆车年运营里程情况　　表5-8

市区人口（万人）	地区	出租汽车运营情况		
		运营里程（万公里）	运营车辆数（辆）	平均每辆车年运营里程（万公里/辆•年）
＞1000	北京	654529	67546	9.7
	上海	627941	50738	12.4
	广州	307429	21320	14.4
	重庆	360376	19629	18.4
	深圳	272422	16275	16.7
300～1000	天津	342856	31940	10.7
	太原	92085	8292	11.1
	沈阳	267278	18929	14.1
	长春	224196	16967	13.2

续上表

市区人口（万人）	地区	出租汽车运营情况		
		运营里程（万公里）	运营车辆数（辆）	平均每辆车年运营里程（万公里/辆•年）
300～1000	哈尔滨	198027	16518	12.0
	南京	147431	13688	10.8
	杭州	159013	11644	13.7
	合肥	145632	9402	15.5
	济南	89797	8857	10.1
	郑州	94551	10719	8.8
	武汉	256367	16597	15.4
	长沙	126030	7817	16.1
	南宁	73442	6723	10.9
	成都	221505	16035	13.8
	贵阳	74264	7535	9.9
	昆明	79257	8097	9.8
	西安	191172	13252	14.4
	石家庄	86050	6825	12.6
	乌鲁木齐	163258	12338	13.2
	宁波	71198	4627	15.4
	大连	158531	11193	14.2
	青岛	142394	9720	14.6
	厦门	81214	5209	15.6
100～300	呼和浩特	60580	5568	10.9
	福州	87908	6345	13.9
	南昌	72755	5431	13.4
	海口	41497	3020	13.7
	兰州	84340	7054	12.0
	西宁	64676	5666	11.4
	银川	57472	4930	11.7
＜100	拉萨	26928	1360	19.8

注：数据来源于2014年《城市（县城）客运统计》。

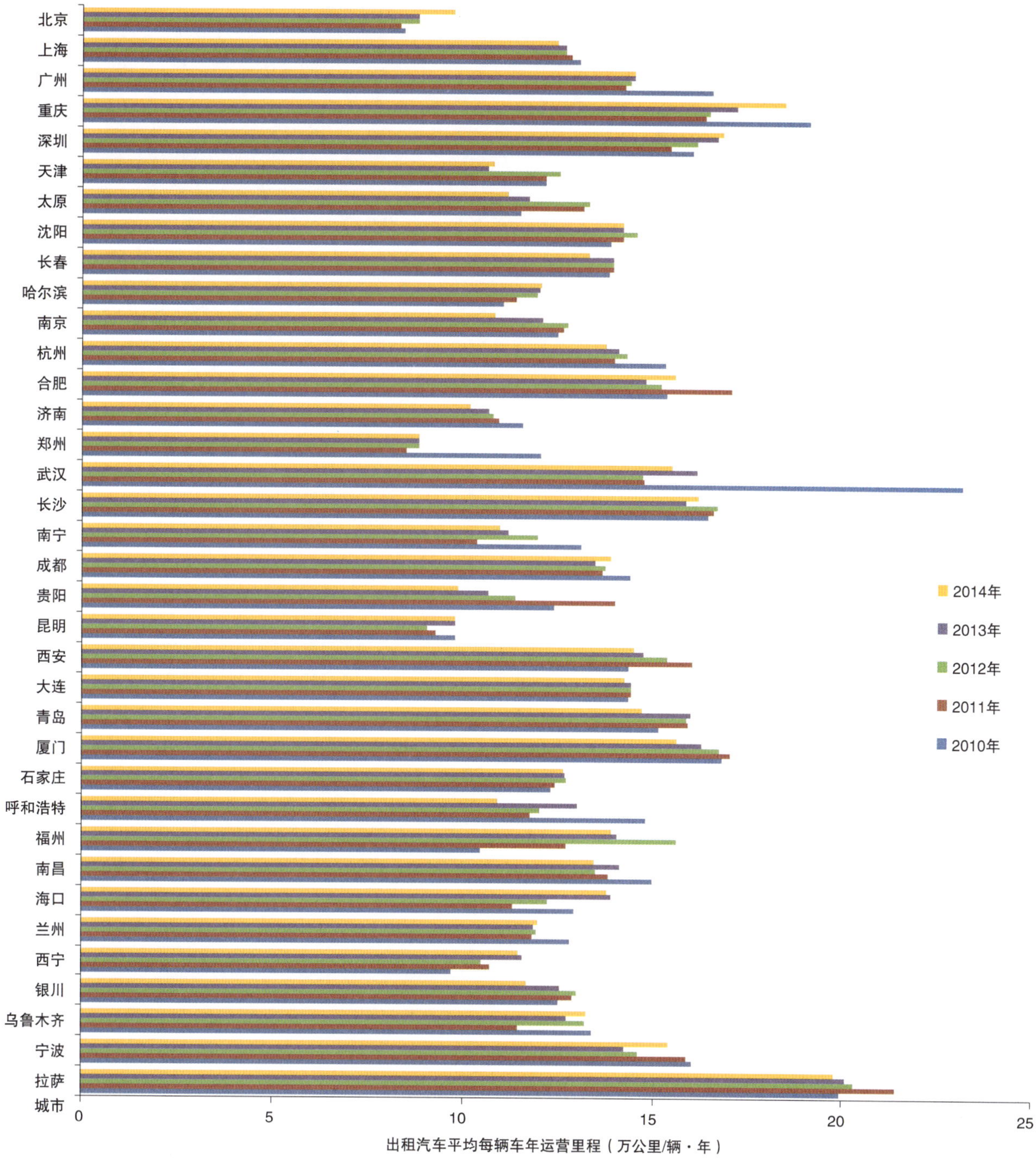

图5-10　2010～2014年全国36个中心城市出租汽车平均每辆车年运营里程情况

注：数据来源于2010～2014年《城市（县城）客运统计》。

二、客运量

2014年全国出租汽车共完成客运量406.1亿人次，较2013年增加1.0%，2010～2014年全国31个省(自治区、直辖市)出租汽车客运量完成情况见图5-11。

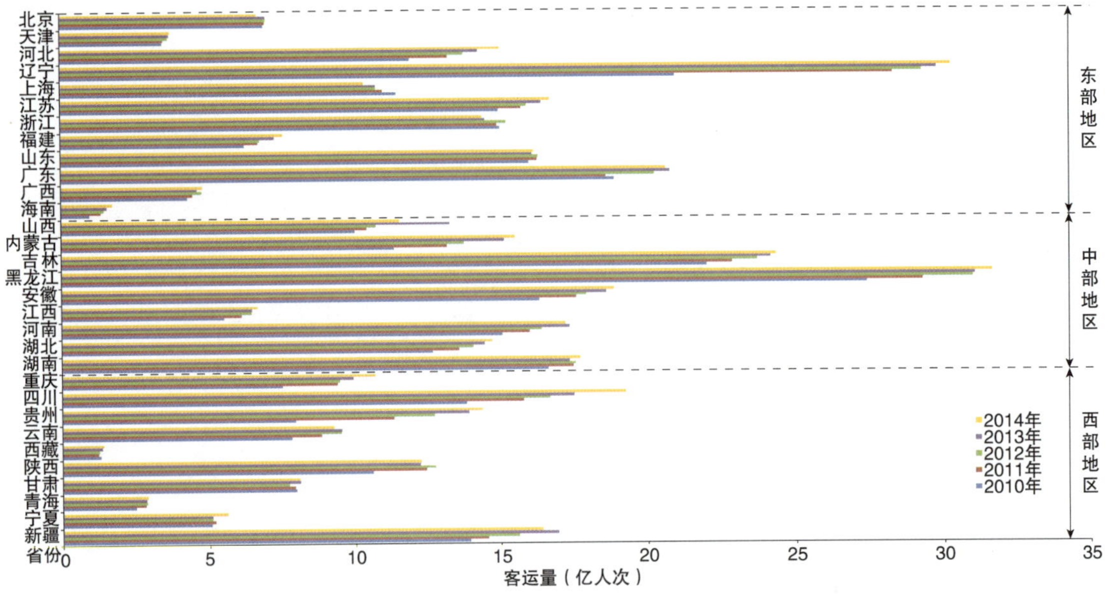

图5-11 2010～2014年全国31个省（自治区、直辖市）出租汽车客运量完成情况

注：数据来源于 2010 ～ 2014 年《城市（县城）客运统计》。

三、里程利用率

截至 2014 年年底，全国出租汽车运营里程为 1618.1 亿公里，其中载客里程 1112.6 亿公里，里程利用率为 68.8%。其中青海省的出租汽车里程利用率最高，为 82.2%；其次是贵州省，出租汽车里程利用率为 80.1%；第三名是吉林省，出租汽车里程利用率为 78.6%，具体数据见图 5-12。

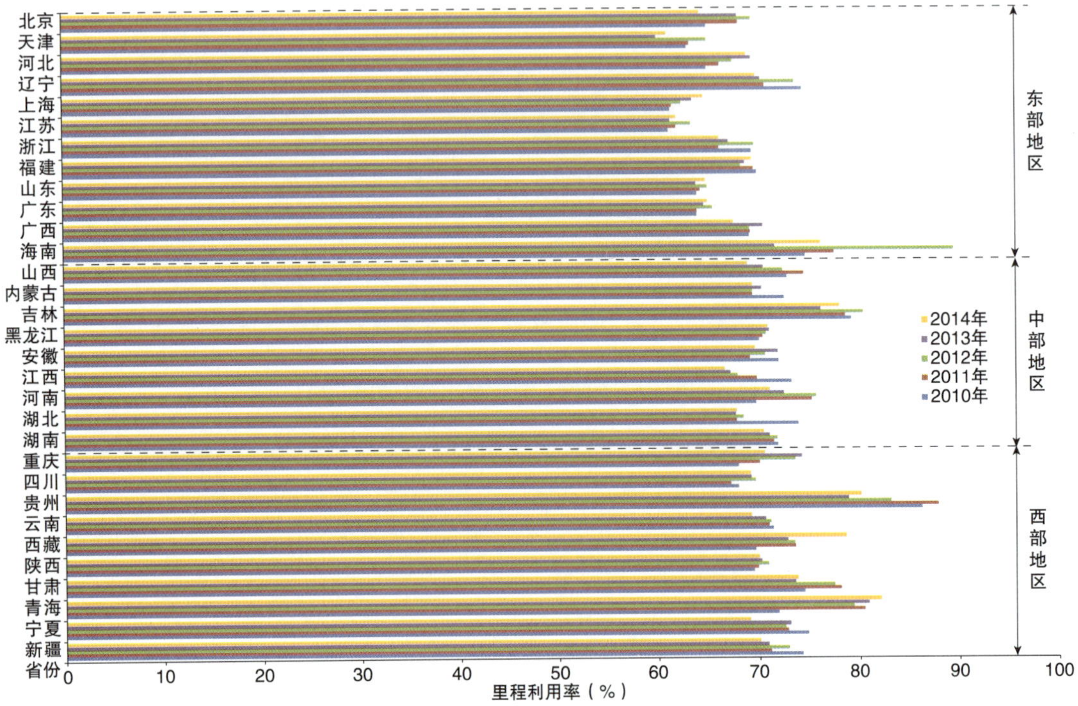

图5-12 2010～2014年全国31个省（自治区、直辖市）出租汽车里程利用率情况

注：数据来源于 2010 ～ 2014 年《城市（县城）客运统计》。

截至2014年年底，全国36个中心城市中有23个城市的出租汽车里程利用率超过全国平均水平，其中出租汽车里程利用率最高的是西宁，为88.8%；其次是拉萨，出租汽车里程利用率为81.8%；第三名是大连，出租汽车里程利用率为81.4%，具体数据见图5-13。

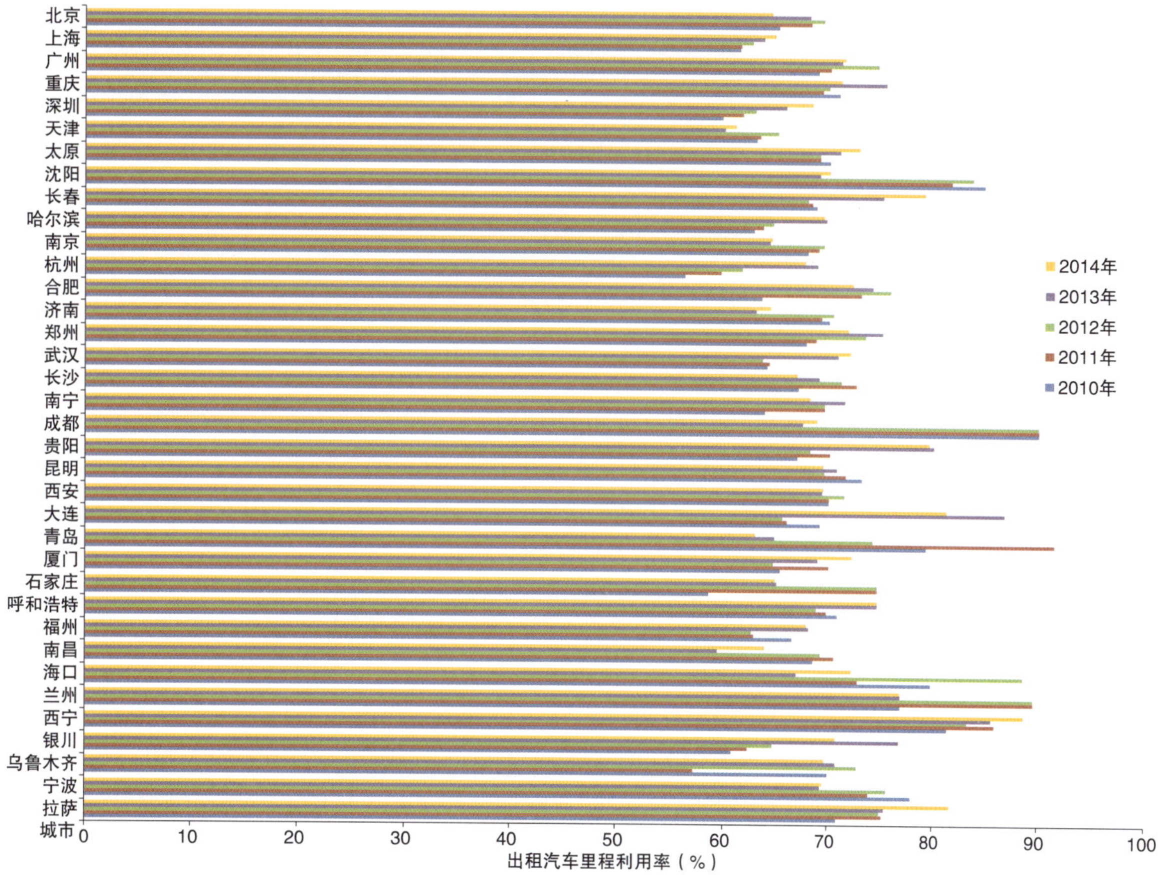

图5-13　2010～2014年全国36个中心城市出租汽车里程利用率情况

注：数据来源于2010～2014年《城市（县城）客运统计》。

第四节　行业管理

2014年，各级城市交通运输主管部门着力抓好出租汽车行业重点工作的开展，努力提升出租汽车行业管理水平。

一、推进行业管理法规和标准建设

一是规范出租汽车经营服务行为。保障乘客、驾驶员和出租汽车经营者的合法权益，促进出租汽车行业健康发展。2014年9月，制订出台了《出租汽车经营服务管理规定》。二是加快出租汽车行业标准规范的研究与制定，2014年，交通运输部组织开展了《出租汽车电召服务规范》、《出租汽车运营技术条件》和《出租汽车顶灯》等标准规范的编制工作。

二、深化开展和谐劳动关系创建活动

交通运输部积极推进深化出租汽车行业和谐劳动关系创建活动，组织开展了第二批先进集体和先进个人评选，2014 年 3 月，印发了《交通运输部关于通报表扬全国出租汽车行业和谐劳动创建活动第二批先进集体和先进个人的决定》(交运发〔2014〕75 号)，表彰了 16 家典型单位、55 个优秀班组和 16 名先进个人。并根据优中选优的原则，向中华全国总工会推荐 38 家单位、40 个班组、8 名个人，分别参加全国出租汽车行业和谐劳动关系创建活动先进集体、先进个人，全国五一劳动奖状、奖章和全国工人先锋号评选，全国总工会于 2014 年 4 月 24 日发文进行了表彰。

三、推进完善出租汽车燃油补贴政策

2014 年，交通运输部积极推进出租汽车燃油补贴政策研究。一是组织开展了出租汽车行业油价补贴政策研究，形成《成品油价格补贴相关政策对出租汽车行业稳定与可持续发展的影响研究报告》。二是配合国家发改委非居民用天然气价格改革，指导地方做好行业稳定工作。三是明确给用气出租汽车继续发放燃油补贴政策，起草出租汽车行业价格补贴政策调整初步方案。

四、促进手机软件召车等出租汽车电召服务有序发展

2014 年，交通运输部积极促进手机软件召车等出租汽车电召服务有序发展。2014 年 7 月，《交通运输部办公厅关于促进手机软件召车等出租汽车电召服务有序发展的通知》(交办运〔2014〕137 号)发布，提出促进各类出租汽车电召服务协调有序发展、加快实现出租汽车服务管理信息共享、严格驾驶员终端软件发放与使用管理、逐步实现出租汽车电召服务统一接入管理、保障出租汽车电召服务安全规范、严格执行出租汽车价格管理规定、加强手机软件召车服务市场监管、全面推进出租汽车信息化建设 8 项措施。

专栏　构建和谐劳动关系　打造出租汽车行业窗口服务标杆

湖北省出租汽车行业长期坚持行业文明创建，推进企业文化建设，使湖北成为出租汽车行业和谐劳动关系创建的标杆。

1.开展文明创建互动

湖北省以“双创”活动为抓手，开展了形式多样、丰富多彩的文明创建活动。行业管理部门积极组织创建活动，两手抓、两手硬。十堰市开展出租汽车行业综合技能竞赛；宜昌市开展出租汽车驾驶员与交警换位体验活动；黄石市联合电台开办与“温馨的士”驾驶员面对面交流；潜江市开展出租汽车行业演讲比赛；鄂州市组建出租汽车驾驶员党支部，使出租汽车企业和驾驶员发挥创建主体作用，动真情，效果好；十堰市建成文化长廊，实施“八大”文化建设工程，建立出租汽车驾驶员与企业和谐的劳动关系，得到驾驶员的认同，同时也得到市民的好评；武汉市大通公司出租汽车驾驶员张国贤敬老事迹感人至深；自学掌握三门外语的襄阳出租汽车驾驶员张玉领，热情为外国乘客服务，赢得了一致尊重。出租汽车行业典型的树立，展现了行业风采，弘扬了出租汽车文化，传播了社会正能量。

2.推进出租汽车企业文化建设

湖北省广泛开展夏日送清凉、冬日送温暖等关爱出租汽车驾驶员活动，建立帮困扶难联系制度，帮助出租汽车驾驶员解决子女升学、婚嫁等家庭实际困难，以活动体现爱心，以活动凝聚人心，使出租汽车驾驶员有家的感觉，达到情感管理的效果，激发他们文明经营、回报社会的热情。湖北省出租汽车企业文化建设的推进，班组建设的开展，和谐了出租汽车驾驶员与企业的关系，增强了企业凝聚力。

专题篇

SPECIFIC TOPICS

第六章　城市客运管理体制改革

第一节　概况

2014 年是全面贯彻落实《中共中央关于全面深化改革若干重大问题的决定》的第一年，按照党中央、国务院的决策部署，交通运输部积极推进各项交通运输改革工作，研究落实国务院深化改革工作计划，推进综合交通运输改革试点，开展城市公共交通发展改革专项调研，加快城市客运管理体制和机制改革步伐。

一、启动综合交通运输改革试点

2014 年 11 月，《交通运输部关于开展全面深化交通运输改革试点工作的通知》（交政研发〔2014〕234 号）发布，决定在全国开展 9 项改革试点工作。其中，在浙江、广东重点围绕交通运输管理体制机制、市场化改革、发展方式转变、基本公共服务均等化等方面开展交通运输综合改革试点；在上海、重庆、湖北、辽宁围绕“大交通”管理体制和综合交通运输规划与发展机制开展综合交通运输改革试点；在京津冀地区开展城乡客运一体化试点，重点选择若干毗邻地区主要通道开展道路客运班线公交化改造工作。

二、部署全面深化城市客运管理体制改革

2014 年 12 月，《交通运输部关于全面深化交通运输改革的意见》（交政研发〔2014〕242 号）发布，明确了全面深化交通运输改革的指导思想、总体目标和基本原则，以及 42 项具体改革任务和 150 多条改革举措。在城市客运领域，提出探索公共交通引领城市发展新模式，完善城市交通拥堵综合治理机制；改革公共交通管理体制，推动公共交通与城市土地利用一体化规划；完善城市公共交通资源配置机制，引导公共交通企业规模经营、适度竞争；完善城市公共交通发展绩效评价制度；健全城乡和跨区域公共交通衔接机制；从市场化的角度去改革出租汽车行业，推进服务质量招投标等方式配置经营权；还提出了推动交通运输行业数据的开放共享和安全应用，实现公共交通一卡通全国联网等。

三、开展城市公共交通体制改革调研

2014 年 2 月，交通运输部成立全面深化改革领导小组，负责全面深化交通运输改革的总体设计、统筹协调、总体推进、督促落实。为贯彻落实《国务院关于城市优先发展公共交通的指导意见》，全面推进各地城市公共交通体制深化改革，2014 年 4 月至 7 月，交通运输部赴天津、哈尔滨、苏州、南宁、贵阳等地开展了“深化城市公共交通体制改革”专项调研工作，深入了解各地公共交通体制和机制现状，研究提出加快推进行业改革创新的政策措施。

第二节　地方实践

一、上海

1. 推进城市客运行业管理体制改革

2014 年 5 月，上海市完成新一轮的交通行业管理体制改革，组建上海市交通委员会，将上海市交通运输和港口管理局职责，上海市城乡建设和交通委员会的交通发展规划、道路公路管理、交通综合协调等职责，上海市规划和国土资源管理局的组织编制轨道交通网络系统规划、选线专项规划等职责，上海市公安局的道路交通标志、标线等交通设施的建设、管理、维护职责整合划入上海市交通委员会。新成立的交通委员会强化了城市公共交通专项规划以及公交专用车道、公共交通站点和公共停车场（库）等的规划建设；强化了城市轨道交通路网系统规划编制和选线专项规划。

2. 构建条块结合的综合协调机制

上海积极推动完善交通运输综合协调机制。在决策协调层面，上海市建立了联席会议、推进办公室、领导小组等形式的议事决策平台，其中，市级层面有交通协调保障联席会议、静态交通领导小组、交通节能减排联席会议、道路安全联席会议、推进公交优先发展联席会议等。在执行层面，依据市、区（县）两级交通管理体制，界定了市、区（县）两级政府在城市交通运输规划、建设、运输、组织和执法等方面的分工和责权范围，在具体管理上形成了并联审批、联勤联动等工作机制。

3. 深化城市客运行政审批制度改革

2014 年，上海市深入开展交通行政审批制度改革。2014 年 10 月，《上海市交通委员会关于深入推进行政审批制度改革的实施意见》发布，提出了“建立健全行政审批事项的‘权力清单’管理方式，开展行政审批标准化建设，全面实现市交通系统所有许可事项纳入统一受理、审批平台，形成权界清晰、结构合理、权责一致、运转高效的行政审批管理体系”的改革方案。在城市客运领域，取消了公共汽车和电车线路经营权许可，暂停或者终止公共汽车和电车客运线路营运审批的市运输管理处初审环节；关于城市公共交通基础设施审核，除了中心城区内的工程外，其他的工程全部下放区、县审批。

二、天津

1. 转变政府职能推进机构改革

2014 年 8 月，按照精简、统一、效能的原则，天津市大力推进大部门体制改革，强化机构和职责整合，规范机构设置，理顺职责关系，完善体制机制，组建交通运输委员会，将市城乡建设和交通委员会的综合交通规划管理职责、市交通运输和港口管理局的职责、市政公路管理局的行政职责整合。通过改革，天津市交通运输委员会承担包括城市客运在内的城市综合交通管理职责，形成统筹协调、分工负责、依法履职的管理格局，有效提升城市客运服务水平。

2. 健全城市客运法规体系

2014 年，天津市加快推进城市客运管理的规范化，完善法律法规和标准规范体系。颁布实施了《天津市轨道交通管理规定》，积极开展《天津市客运公共交通管理条例》的修订工作，加快推进《天津市道路运输条例》、《天津市客运出租汽车区域性经营管理办法》、《天津市小客车租赁管理办法》等立法调研工作。同时研究制定实施行业标准化建设意见，加强综合运输、城市客运、轨道交通、安全环保等重点领域的地方性技术标准制、修订工作等。

三、武汉

1. 构建综合交通运输协调机制

武汉市按照“决策、执行、监督”相分离的思路，建立武汉综合交通大部门管理体制，统筹各种运输方式，强化城市客运管理职责，加强对城市轨道交通建设的统筹，加大对铁水联运、公铁联运的协调管理力度。武汉市建立交通、发改、规划、国土、环保等部门的协调机制，强化综合交通规划与城市规划等的有效衔接，建立联席会议制度、综合运输联席协调机制、火车站地区春运沟通协调机制、重大活动交通保障机制、客运枢纽旅客疏运应急机制等，加强交通规划、重大建设项目、重大事件应对的沟通，保障各类交通项目规划建设的协同推进。

2. 落实城市客运整改公开承诺

2014 年，武汉市以民生为导向，改进和提升交通运输服务质量，全面完成公交“突出问题”8 项整改承诺。包括：规划“快、干、支、微”公交线网体系，开展“公交进社区、进学校、进企业”活动，规范公交行车、停车秩序，提升公交文明服务水平，新辟公交线路 35 条，优化调整公交线路 114 条，安装 1000 条公交便民长凳，公交投诉同比下降 41%，市民满意度同比上升 10%。东西湖区开行 8 条惠民公交线路，成为公交全覆盖的首个新城区。出租汽车行业开展“改陋习、树形象”活动，车容车貌及服务水平得到提升。统筹推进全市排堵保畅工作，出台《武汉市人民政府关于治理交通拥堵的意见》。

3. 推进出租汽车管理体制改革

2014 年 11 月，武汉市发布《武汉市人民政府关于改革全市客运出租汽车运营管理体制的意见》，提出创新管理方式，加强行业监管，营造良好环境，建立公平竞争、有序运营、服务优质、监管有力的客运出租汽车市场体系的改革目标。还提出了“改革客运出租汽车运力调控方式、改革客运出租汽车经营权管理制度、加强客运出租汽车经营企业监管、加强客运出租汽车驾驶员管理、完善客运出租汽车营运价格体系、改革客运出租汽车行业监管体制、改善客运出租汽车服务和营运环境、保障改革顺利推进”等方面的具体改革措施和任务，支撑和保障改革目标的实现。

第三节 发展要点

2015 年，交通运输行业将按照《交通运输部关于全面深化交通运输改革的意见》的总体要求，继续推进城市客运管理体制和机制改革。

一、深化城市公共交通体制和机制改革

一是改革城市公共交通管理体制，推动城市公共交通与城市土地使用一体化规划，探索建立规划、建设、运营一体化的管理模式。二是健全城乡客运和跨区域城市公共交通运行机制，促进城乡和区域公共交通协调发展。推进城市公共交通一卡通互联互通。三是探索公共交通引领城市合理发展模式，优化公共汽电车、轨道交通线网布局，引导公共交通企业规模经营、适度竞争。科学引导公众出行需求，使城市公共交通成为公众出行的主要方式。

二、推进完善城市公共交通关键制度

一是建立城市公共交通发展水平绩效评价制度。研究发布城市公共交通发展水平绩效评价指标体系，制定城市公共交通发展水平绩效评价办法。二是研究建立政府购买公交服务制度。充分发挥市场在资源

配置中的决定性作用，建立以服务质量为核心的线路经营权授予机制与退出机制。研究制定城市公共交通企业服务质量评价办法。三是加快研究建立城市公共交通票制票价体系和调整机制，建立多层次、差别化的票制票价体系，推行“优质优价”。研究制定城市公共汽电车企业运营成本核算规范，指导建立科学的票价调节机制。

三、开展城乡道路客运一体化发展评价工作

一是建立完善城乡道路客运一体化发展水平评价机制。坚持客观公正、统一协调、突出重点、综合评价的原则，按照交通运输部制定的考核办法和考评指标体系，遵循自我评价、实地核查、实地抽查、情况通报等程序,开展城乡道路客运一体化发展水平评价工作。二是建立城乡道路客运一体化工作激励机制。组织开展城乡道路客运一体化试点工程，并结合城乡道路客运一体化工作推进成效进行奖励，在农村公路安保工程、农村客运场站等基础设施建设和其他政策安排上给予倾斜。

四、推进出租汽车行业改革

贯彻落实《出租汽车经营服务管理规定》，推进出租汽车经营许可、运营服务、运营保障和监督管理等的规范化。科学定位出租汽车服务，完善运力投放机制，科学调节出租汽车总量，推进通过服务质量招投标等方式配置出租汽车的车辆经营权。完善出租汽车价格动态调整机制，形成与城市公共交通合理的比价关系。加强对手机召车等新型服务模式的规范管理，鼓励发展多样化约车服务。推动出租汽车行业实行公司化、集约化经营和员工制管理，进一步形成畅通有序的行业诉求表达和权益保障机制。

第七章　公交都市创建

第一节　概况

2014 年，交通运输部进一步加大对公交都市创建工作力度，完善相关扶持政策，指导创建城市有序开展建设工作。37 个创建城市积极落实创建实施方案，加快推进相关工作。

一、推动落实公交都市创建支持政策

2014 年 7 月，《交通运输部办公厅关于落实公交都市创建城市支持政策　推进城市综合客运枢纽建设有关事项的通知》（交办发〔2014〕149 号）发布，明确对四类城市综合客运枢纽进行资金补助。交通运输部根据公交都市创建工作总体要求并结合创建城市实际，对各省级交通运输主管部门组织申报的项目进行审核，符合支持政策要求的，纳入交通运输部统一的项目库。对于纳入项目库的项目，省级交通运输主管部门根据项目前期工作进展，按照相关程序和要求，向交通运输部申请城市综合客运枢纽建设项目投资补助资金。

二、有序推进公交都市创建工作实施

2014 年，交通运输部组织完成了 37 个公交都市创建城市创建实施方案的评审和批复。批复中明确了各公交都市创建城市的创建目标，并要求各省级交通运输主管部门加强对创建城市建设工作的指导，给予必要的项目资金和政策支持。通过示范工程等形式，将主要建设项目纳入省级交通固定资产年度投资计划，以推动创建城市按期达到创建目标。

三、推动创建工作经验交流

2014 年 4 月，《交通运输部办公厅关于进一步加强公交都市创建工作动态监管有关事项的通知》（厅运字〔2014〕74 号）发布，要求加强创建工作的动态管理，加大经验交流和宣传力度，建立创建工作动态联系机制，并落实创建工作年度报告制度。2014 年 8 月，交通运输部在哈尔滨召开了公交都市创建工作推进会议，通报了第二批公交都市创建城市工作进展情况，交流了各地公交都市的创建经验，对下一步创建工作进行了部署和安排。

第二节　地方实践

一、西宁

2014 年，西宁市将创建公交都市作为提升城市承载功能，保障民生服务的核心工作；将创建工作列入了西宁市政府工作报告，并得到了青海省交通运输厅的大力支持和全市人民的普遍关注。西宁市以提高公交出行分担率、公交服务满意率为核心，开展了一系列卓有成效的工作。

1. 以市政府为主体推动创建工作

西宁市坚持政府主导推进公交都市建设，将其列为市长工程，成立以市长为组长，分管副市长任副组长，交通、发改、财政、公安等多部门参与、区县政府全面配合的工作领导小组，形成了以市政府为主体、多部门协同创建的工作格局。西宁市坚持将城市公共交通放在城市交通首位的发展原则，建立健全多部门沟通协调机制、智库咨询机制、考核评价机制及全社会动员的公众参与机制，努力推进各项工作；并根据创建目标和实施方案，分解细化工作任务，将公交都市年度目标任务纳入相关单位年终目标考核内容，列入“一把手”工程进行奖罚。

2. 以公交优先推动城市转型发展

西宁市围绕建立以公共交通为导向的城市发展模式和建设以公共交通为主体的畅通、高效、安全、环保、公平、和谐的城市交通体系，修订完善了《西宁市综合交通规划》和《西宁市公共交通发展规划（2013 ~ 2020）》，统筹城市空间布局、功能分区、土地利用与城市公共交通协调发展。一是以城市轨道交通和快速公交系统支撑“十”字形空间布局，引导用地与城市公共交通发展紧密结合；二是在新区建设中，新建大型居民区、园区，落实公交首末站建设用地，配建相应标准的城市公共交通设施；三是在老城区改造中，进一步巩固城市客运走廊，汇聚城市人口，提高城市交通承载力。

3. 以运营改革推进公交资源整合

2014 年，西宁市在研究起草《西宁市人民政府关于深化公交体制改革加快公交都市建设的实施意见》的同时，编制并出台了《西宁市公交公司深化内部改革实施方案》，按照“政府主导、合理补偿、平稳推进、保障服务”的原则，进行了公交国有化改造，完成了集团公司组建，改革内部管理结构；创新管理体制，推行区域化经营和“网运”分离，“运修”分离，“场运”分离；开展分配制度改革，建立绩效考核分配机制和员工正常工资增长机制；开展人事制度改革，建立外部市场化人员选聘和内部市场化人才选拔的竞争激励机制；探索开展社会资本进入参股的股份制改革，增强企业活力，加大“以副补主”力度。

4. 以强化制度建设改善发展环境

2014 年，西宁市进一步完善城市公共交通规章制度，建立健全公交都市创建的政策制度体系。起草了《西宁市人民政府关于优先发展城市公共交通的实施意见》，将其作为公共交通发展的纲领性文件，为创建工作提供政策支持。同时，完成了《西宁市城市公交客运特许经营管理办法（草案）》编制工作，并着手研究制定《西宁市城市公交成本规制管理办法》、《西宁市建设项目交通影响评价实施办法》、《西宁市城市公共交通服务质量考核办法》等法规和规章，力求从规划、建设、用地、资金、财税、路权等多方面保障公共交通优先发展。

二、苏州

苏州市结合城市布局特点，构建以城市轨道交通为骨干、有轨电车为次骨干、常规公交为主体、出租汽车为补充、慢行交通为延伸的城市客运系统，因地制宜地拓展多种客运服务方式，努力打造结构完整、形式多样、换乘便捷的城市客运服务体系，满足居民基本出行需求。

1. 加大资金投入，为公交运营提供有力保障

近些年来，苏州市加大对公交行业的财政扶持力度。一是加大资金扶持，2014 年常规公交运营补贴补偿资金总额超过 10 亿元，单位客流补贴额达到 1.69 元 / 人次。用于城市公共交通方面的财政资金占苏州市区财政收入的 4% ~ 5%，占可支配财政收入的 8% ~ 10%。二是完善财政补贴补偿制度，建立“按月预拨，定期结算”的资金申请和发放规范流程，缓解企业经营流动资金压力。三是加强财政资金使用管理，建立公交行业成本规制和绩效考核办法，探索政府购买公交服务模式，规范资金管理，提高使用绩效。

2. 完善政策法规，为公交运营创造良好环境

2014 年，苏州发布了《苏州市有轨电车交通管理办法》（苏州市人民政府令 2014 年第 134 号）、《相

城区道路交通安全设施建设及养护管理实施意见》(相政发〔2014〕2号)、《政府购买服务管理办法(暂行)》(财综〔2014〕96号)等，苏州市通过不断完善政策法规体系，提升行业管理水平，规范公交运营服务，引导行业健康发展。

3. 推进公交优先设施建设，提高公交运行效率

2014年，苏州市进一步扩大公交专用道覆盖范围，市内公交专用道里程达到140公里，形成公交专用道网络。同时加强设施设备管理，开展移动智能公交抓拍系统工程试点工作，对违规挤占公交专用道的违法车辆的违法时间、地点和车牌进行自动拍照取证，直接传输到公安交管平台，由公安部门依法负责对违法行为进行确认及处罚，避免“专用道不专用”的现象发生。在推进公交专用道建设的同时，因地制宜的设置交叉口公交车待转区等公交优先通行模式，缓解了高峰期公交车辆通行压力，提高了运营效率和服务水平。

4. 发展多种层次的客运方式，促进便捷换乘

2014年，苏州市继续大力发展多种城市客运方式。一是开通了有轨电车一号线，拓展常规公交线路服务，扩大苏州市公交快线网络覆盖范围，开通夜线、旅游线、微型线路和毗邻公交线路。二是突破传统推广应用“电调+泊位”的出租汽车运营模式，加大电调专用出租汽车投放力度。三是建设公共自行车系统，解决“最后一公里”出行问题。截至2014年9月，苏州市区(不含吴江)已建成公共自行车租赁点突破1000个，其中，轨道交通1号线和2号线共有44座车站配置了公共自行车租赁点，全市日均租用公共自行车次数超过15万次。

三、柳州

2014年，柳州市制定了《柳州市2014年公交都市示范城市创建工作实施方案》与《柳州市2014年公交都市创建工作任务推进计划表》，各部门通力合作，按时推进年初制定的工作任务。

1. 制定推进计划，及时协调落实

公交都市实施方案获批后，柳州市公交都市创建领导小组办公室对5年创建方案中的8大工程、27项任务进行了梳理，按建设内容逐项落实到各责任单位。各单位多次召开专题会议研究，讨论2014年公交都市建设的重点项目，领导小组办公室及时修订完善了各项工作计划，并印发了实施方案与计划表，每月严格按照计划表推进各项工作，对各单位完成情况进行通报，为公交都市创建工作的全面推进打下了坚实基础。

2. 开通水上公交，缓解地面交通拥堵

2014年，柳州市开通了水上公交，为市民提供了绿色高效的出行选择，有效缓解了市区地面交通压力。2014年3月，一期水上公交投入使用，共10艘船舶，开通4条运营线路。2014年8月，二期水上公交投入使用，开通3条运营线路。截至2014年12月，水上公交共航行2.57万船次，运送乘客20.77万人。为做好衔接，同步开通了滨江公交线路，并调整了部分公交线路走向，在水上公交每个停靠点设置公共自行车租赁点，实现水陆交通无缝对接。

3. 发展慢行交通，建设便捷接驳系统

结合快速公交、水上公交、城际铁路的建设运营，2014年，柳州市启动公共自行车租赁系统二期工程，在客流集中的公交换乘站点和大的公交枢纽站附近，以及商业、办公、居住、旅游等地区，共建设220个公共自行车租赁点，投放公共自行车4500辆。截至2014年10月底，二期工程所有公共自行车租赁站点投入使用。同时积极推进慢行系统基础设施建设，完成了河东中心片区等地的自行车专用道和人行道建设。

4. 推进快速公交建设，构建公共交通走廊

2014年初，柳州市快速公交1号线开通运营，形成衔接主城区与柳东新区的快速公交主动脉，主线

与支线相辅相成，形成放射状线网，覆盖多个片区，并实施同向免费换乘，为更多市民提供便捷、舒适、惠民的公交出行方式。快速公交 1 号线主线总长 28 公里，共设置 53 个停靠站（其中 17 个站台可实现同向免费换乘），共计投入 115 辆车运营。截至 2014 年年底，全市快速公交共完成运营里程 920 万公里，年客运量 0.32 亿人次。

第三节 发展要点

2015 年，公交都市示范工程创建工作将进入阶段性总结年份，各级政府在继续加大公交都市创建工作推进力度的同时，扎实做好各项创建工作，确保任务和工程落到实处，完成既定计划，重点推进以下几项工作：

一、认真做好阶段总结工作

一是开展创建工作阶段性总结。各创建城市根据实施方案确定的创建目标和工作任务，坚持求真务实的原则，全面总结各项创建指标完成情况，各项创建任务推进情况，梳理汇总创建成效以及存在的问题。二是修正调整实施方案，围绕创建目标，进一步优化和细化各项任务，确保各项任务能够有效支撑创建目标，并进一步明确各项任务的实施主体、建设年限和相关配套措施，确保在“十三五”期间顺利完成创建工作。

二、加强创建工作的督促指导

巩固部、省、城市共创公交都市的工作格局，坚持以城市人民政府为主体，推动各项创建工作，及时发现和解决问题，及时优化年度建设任务和目标。部、省级层面加强指导，督促和指导创建城市及时调整和优化实施方案，确保创建周期内完成创建目标；指导创建城市编制年度报告，切实落实报送机制；定期对创建工作进行检查、评估和指导，督促创建城市加大创建力度。

三、进一步加强创建经验交流

积极开展公交都市创建工作经验总结和交流，通过公交都市建设示范工程网站和各创建城市相关门户网站，以及交流论坛和调研学习等方式，加强各创建城市之间在发展和创建理念、基础设施建设、重大项目推进机制、政策制定和规划编制等方面的经验交流，不断推进制度创新、政策创新、技术创新和运营创新。

四、加大公交都市宣传力度

在总结创建经验的基础上，进一步加大公交都市创建工作的宣传力度，树立正确的舆论导向，营造全社会关注公交都市建设示范工程的浓厚氛围。督促各省和创建城市，加强与有关部门之间的沟通协调，并进一步整合社会资源，相互支持，相互配合，形成合力，协同合作，通过开展经常性、社会性、群众性的宣传和交流活动，实现创建宣传工作的常态化，逐步建立公交都市宣传工作的长效机制，抓好落实。

第八章　城市交通拥堵治理

第一节　概况

在快速城镇化和机动化的双重作用下，我国大城市交通拥堵状况不断加剧，并逐渐向中小城市蔓延，已成为制约综合交通运输体系构建、实现城市可持续发展的瓶颈，是顺利实施新型城镇化战略必须面对的难点问题。

交通运输部高度重视城市交通拥堵治理工作。一方面，大力推动公交都市创建工作，通过优先发展城市公共交通，引导城市建立以公共交通为导向的城市发展格局，实现城市公共交通与土地利用的整合发展，力求从源头上治理城市交通拥堵；另一方面，研究制定城市交通拥堵治理的政策措施，引导地方政府从城市发展实际出发，因地制宜制定缓解城市交通拥堵的政策和措施，积极开展治理城市交通拥堵的相关工作。

为进一步缓解日益严重的城市交通拥堵，提高城市交通运行效率，2014 年，广州、天津、兰州等城市积极开展城市交通拥堵治理工作，在优先发展公共交通、加强交通需求管理、强化交通精细化系统管理等方面，有针对性地采取了一系列政策措施，取得了积极成效。

第二节　地方实践

一、广州

2014 年，广州市在优先发展城市公共交通、停车收费、中小客车数量调控等方面，出台实施了一系列缓解城市交通拥堵措施。

1. 加快提升城市客运服务能力

2014 年，广州共有 11 条（段）地铁线路开工建设，在建地铁线路里程 260 公里，开通海珠区环岛有轨电车试验线 7.7 公里；全年新开通 100 条公交线路、投放 1000 辆公交车，新增建设 50 公里公交专用道，初步形成“一环、九骨干、十八联络”的公交专用道路网络布局；进一步拓展水上公交服务范围，2014 年新建及改造 5 座码头，建造 23 艘船舶，新增、优化 6 条航线。基本建成“以轨道交通为骨干，常规公交为主体，出租汽车、水上公交等其他交通方式为补充”的立体城市客运体系，服务水平不断提高，较好的缓解了交通拥堵。

2. 加大交通需求管理力度

2014 年 3 月，广州发布《关于全面整治“五类车”问题的工作方案》，针对包括电动车（含电动三轮车、电动自行车）、摩托车（含两轮、三轮摩托车）、残疾人机动轮椅车、人力或加装动力三轮车、拼（改）装报废车“五类车”违法上路和非法经营，持续开展集中综合整治，创造良好交通环境。2014 年 8 月，广州发布《关于优化调整停车场差别化收费有关问题的通知》（穗价〔2014〕97 号），对停车场差异化收费政策进行调整，提高车位周转率，引导市民更加合理使用个体机动车，优化市民交通出行结构。

3. 实施中小客车总量调控政策

《广州市中小客车总量调控管理办法》对 21 个方面进行了优化调整，包括放宽了置换的次数限制，不再设立更新车辆的排量限制，以及即将推出区域车牌等措施。2014 年，广州市有序推进中小客车总量调控政策实施，2014 年 1 月至 11 月，共配置各类指标 20.4 万个，其中增量指标 10.1 万个，竞价收入 5.9 亿元，专项用于城市公共交通事业支出。中小客车总量调控政策在执行初期对广州中心城区交通状况的改善起到了积极作用，市区交通拥堵状况有所缓解。

二、天津

1. 优先发展城市公共交通

根据《天津市人民政府关于我市优先发展城市公共交通的实施意见》（津政发〔2013〕33 号），2014 年，天津市提出多项措施，着力创建公交都市，缓解城市交通拥堵。一是加快地铁 5、6 号线路等轨道交通建设；二是提升公交运量，开通市区 4 条大容量公交快线和定制公交线路；三是增建公交场站，新建机动车和自行车停车场等衔接换乘设施；四是提升运营车辆档次，实现车辆设施升级换代；五是建设智能公共交通系统；六是新建 41 公里公交专用道。

2. 实施机动车限购限行措施

2014 年 1 月，《天津市小客车总量调控管理办法（试行）》正式实施，明确了年度增量指标 10 万个，以及“节能车摇号、普通车摇号、普通车竞价”1 : 5 : 4 的指标配置方式及额度；新能源汽车不摇号、不竞价，可以直接申领指标。试行 1 年时间内，限购政策平稳实施，摇号竞价指标成功配置，小客车无序爆发式增长得到有效控制。2014 年 3 月，天津市开始实施机动车尾号限行，天津市及外埠牌照机动车在外环线（不含）以内道路，实施按照车牌尾号、区域限行交通管理措施，每周和每天限行的尾号与北京市一致。

三、兰州

1. 实施精细化交通管理措施

兰州市立足于从交通精细化管理上挖掘潜力，提高城市公共交通的总体运营效率。2014 年，兰州市对 28 处过街设施周边进行封闭隔离，对 8 条主干道进行了护栏封闭，安装人行隔离护栏 38729 米，路面中心护栏 1200 米；实施小街巷道路改造，打通道路“毛细血管”，缓解主次干道交通压力，实施 81 条单行道，22 组微循环道路改造，对 4 处交通瓶颈路口优化改造，提升现有道路的通行效率；在快速公交 1 号线试行公交信号优先系统建设，同时安装公交车载摄像监控设备，加强公交专用道管理；进一步推进公交智能化建设，提高城市交通精细化管理水平。

2. 大力发展城市公共交通

以公交都市创建为契机，兰州市积极推动城市公交优先发展战略。2014 年，兰州市开工轨道交通 1 号线一期工程，细化轨道交通建设期间的交通疏解方案和应急预案，把施工对城市运转和居民出行的影响降到最低程度；围绕《兰州公交线网优化方案》，对市区常规公交线路进行优化调整，新开通公交线路 10 条，调整优化线路 47 条，全年报废 349 辆老旧公交车，全部置换为新能源公交车；推进市区城乡公交一体化，对 4 条客运班线进行公交化改造，实现城市公共交通向郊区、农村延伸；试点运营兰州港至十里店码头水上公交，方便了两岸市民的出行，缓解了市区交通压力。

3. 实施交通需求管理措施

为了保障轨道交通等重点市政工程建设的顺利进行，以及重大节会赛事活动顺利举办，缓解主城区交通拥堵，做好冬季防控大气污染工作，兰州市在原有机动车尾号限行措施的基础上，于 2014 年 5 月 25 日至 7 月 20 日和 2014 年 9 月 21 日至 9 月 29 日期间，两次在中心城区道路实施单双号限行措施，单双号限行措施到期后，仍恢复尾号限行。2014 年，调整优化小汽车停车收费制度，在中心城区实施差别化停车收费政策，提高中心城区高峰时段的停车收费，运用价格杠杆调节机动车合理使用；同时，从 2014 年 10 月 8 日起，兰州市实施错时上下班制度，进一步缓解了上下班高峰时段的交通拥堵状况。

第三节　发展要点

城市交通拥堵治理应结合城市实际，加强城市空间结构、产业布局和交通发展的有机融合，优先发展城市公共交通，通过信息化、智能化手段促进城市交通精细化管理，预测交通需求实时采取管理措施，综合治理城市交通拥堵，重点推进以下几项工作：

一、统筹协调城市布局与交通供需关系

对于城市空间布局基本成型的大城市、特大城市，主要以优化城市空间结构及功能布局为主要出发点，注重商务区、住宅区、购物休闲娱乐区、医院、学校及生态保护区等区域的合理布局和有机组合；对于仍处于城市快速发展过程的中小城市，着重加强城市总体规划与综合交通规划的衔接，坚持交通规划先行，将城市规划、产业布局及交通发展统筹考虑，以城市公共交通特别是快速公共汽车交通（BRT）等带动城市发展，形成城市空间、产业和交通发展的良性互动，从源头上减少居民出行需求。

二、鼓励绿色低碳出行

落实公共交通优先发展战略，以便捷、高效、低廉、优质及安全舒适为目标，在有条件的城市大力发展轨道交通和快速公共汽车交通（BRT），满足城市客运走廊周边居民大规模出行需求，再辅以合理完善的常规公交网络，不断提升城市公共交通服务水平，提高公共交通系统的吸引力；同时改善步行、自行车等方式出行环境，引导和鼓励居民乘坐绿色交通方式出行。

三、加强城市交通精细化管理

城市交通拥堵治理涉及城市、交通、经济、法律、文化等多方面领域，关乎城市各阶层群体的利益，需要集政府、市场以及社会的共同力量，加快城市交通由粗放式政府管理向精细化治理转变，通过实施交通工程技术、智能交通技术、精细化交通管理等措施，采取弹性工作制、差别化停车收费、停车换乘等措施，推动城市交通拥堵治理体系和治理能力的现代化，提高城市综合交通系统的运行效率。

第九章　新能源车辆推广应用

第一节　概况

新能源汽车绿色环保、节能效果明显，能够有效地减轻城市交通的环境污染问题。推广新能源汽车是推进建设城市绿色交通体系的重要手段，也是改善城市空气质量、提升居民生活质量的重要途径。国家高度重视新能源汽车的推广应用，2014 年，交通运输部在城市客运领域积极推广应用新能源汽车，取得了积极成效。

1. 明确推广新能源汽车顶层设计

2014 年 5 月，《国务院办公厅关于印发 2014 ~ 2015 年节能减排低碳发展行动方案的通知》发布，强调强化交通运输节能降碳，加大新能源汽车推广应用力度。2014 年 7 月《国务院办公厅关于新能源汽车推广应用的指导意见》发布，提出了创新驱动、产学研用结合，政府引导、市场竞争拉动，双管齐下、公共服务带动和因地制宜的方针，明确了推进新能源汽车发展的指导思想、基本原则、发展政策和保障机制，为加快新能源汽车的推广应用，促进汽车产业转型升级提供政策导向，成为加快新能源汽车推广应用的重要纲领性文件。

2. 加快制定新能源汽车推广意见

为加快推进新能源汽车在交通运输行业的推广应用，结合城市客运发展特点，从行业管理的角度，交通运输部着手研究制定关于加快新能源汽车推广应用的实施意见，在国务院指导意见的基础上进一步明确坚持政策引导、市场主导、重点推进、因地制宜发展新能源汽车的基本原则，并将进一步明确新能源汽车在城市公交和出租汽车行业发展所需要的规划引领、实施方案、技术选型、扶持政策、应用模式等主要任务。

3. 继续开展新能源汽车试点工作

2014 年，为落实《交通运输行业节能减排“十二五”规划》、《交通运输行业应对气候变化行动方案》、《加快推进绿色循环低碳交通运输发展指导意见》等相关文件。结合“车、船、路、港”千家企业低碳交通运输专项行动和“公交都市”建设示范工程。交通运输部继续开展节能与新能源车辆示范和推广工作，促进混合动力、纯电动等新能源车辆在公共汽车和出租汽车领域的示范推广应用。

第二节　地方实践

一、合肥

合肥市是第一批全国“十城千辆”节能与新能源汽车示范推广工程试点城市。合肥市以此为契机，加大了对新能源公交车的推广力度。

1. 加大新能源汽车及配套设施投入

合肥市计划在 2013 ~ 2015 年推广 7500 辆新能源汽车。2014 年，合肥市共计投入约 10 亿元用于新能源车辆购置，截至 2014 年年底，合肥市共有 642 辆新能源公交车辆。为满足新增新能源公交车的充电需求，合肥市同时进行充电站新建、扩建工作，在全市范围内新建大型公交充电站 8 个，总投资达到 6000 余万元，目前正在扩建柳树塘、瑶海充电站，共计 196 个充电桩，为新能源汽车的推广提供了重要的配套设施保障。

2. 注重科技研发

合肥市注重本地新能源汽车的生产和研发。2010年，合肥成立了由安凯、江汽和奇瑞等24家企业、高校、科研及金融机构组成的新能源汽车技术创新战略联盟；2014年，着手在合巢经开区打造产值过千亿的安徽省新能源汽车产业基地，逐步打造完整的新能源汽车上、中、下游配套体系。

二、天津

作为财政部、科技部等四部委确定的第一批新能源汽车推广应用城市，天津市通过创新运营模式、制定实施方案、完善产业体系和配套设施建设来推动新能源汽车的推广应用。

1. 创新新能源汽车运营模式

2014年天津市新购新能源电动公交车600辆，全市新能源公交车总数达到1398辆。为了降低新能源公交车的运营成本，天津市有针对性地创新运营组织模式。该组织模式具体是，公交企业与国家电网签订协议，新能源公交车用电采取以更换动力蓄电池为主、插充电为辅、集中充电、统一配送的模式。采取该创新模式后，由于公交企业采购裸车（不含动力蓄电池），可降低购车成本40%以上。其次，由于动力蓄电池由国家电网提供，动力蓄电池使用寿命与公交企业无关，后期使用无经济负担。另外，由于更换动力蓄电池式纯电动公交车更换一次动力蓄电池只需8分钟，更换动力蓄电池过程由机械臂自动完成，有效解决纯电动公交车续航里程问题，满足公交车每天运行250公里的要求。

2. 制定新能源汽车发展规划

2014年3月，天津市出台《天津市新能源汽车推广应用实施方案（2013 ~ 2015年）》，提出未来一段时间天津市新能源汽车发展的主要方向，重点在公交车、出租汽车等6个领域推广应用新能源汽车。计划2015年推广应用新能源汽车1.2万辆，其中公交车等领域推广新能源汽车2000辆，选用更换动力蓄电池式纯电动公交车、直充式纯电动公交车和插电式混合动力公交车3种车型，并计划建设公交车充换电站6座和公交车充电站49座。

3. 完善产业体系及配套设施建设

天津市政府高度重视新能源汽车产业体系及配套设施建设。目前，天津市已初步形成了整车、动力总成、动力蓄电池系统、专用零部件、标准检测等较为完整的产业体系，生产制造能力得到进一步加强。除此之外，天津市还将加快完善以自用充电设施为主、公共快速充电设施为补充的覆盖全市的新能源汽车充电网络，基本实现城区充电便利化、网络化。

三、秦皇岛

秦皇岛市政府高度重视新能源汽车在城市交通领域的推广及使用。2014年秦皇岛市首批新能源公交车投入使用，取得了良好的效果。

1. 结合本地实际进行科学选择车辆

2014年，河北省秦皇岛市在城市公交领域加大了新能源汽车的购置力度。为推进新能源汽车选型工作，秦皇岛市对国内多家车辆制造厂和新能源车辆运营企业进行了实地调研，并协调多种车辆在全市各条公交线路上进行试验运行，为新能源车辆选型提供了重要参考依据。最终确定插电式气电混合动力新能源公交车为秦皇岛市新能源汽车选购车型。

2. 加强新能源车辆更新力度

为更新运力、更新老旧车辆及黄标车，2014年秦皇岛市分多批次购买新能源公交车448辆。截至2014年年底，秦皇岛市城区新能源公交车保有量达到448辆，新能源公交线路达到25条，新能源车辆占城区公交车辆总数的55.7%。区县地区2014年新购置新能源公交车30辆,除替换原有12辆黄标公交车外，还增加运力18辆。目前秦皇岛市新能源汽车使用情况良好，平均节能率达20%以上。

3. 改善新能源车辆使用环境

为保证新能源汽车尽快投入使用，秦皇岛市委、市政府协调财政、公安等多部门在招标、上牌等程序上开辟绿色通道，确保了车辆的采购、登记等流程的顺利进行。新能源汽车需要相关配套设施保障其正常运行，为此秦皇岛市结合自身需求，在市区建成加气站2座，改造新能源公交场站1座，保障了新能源公交车顺利投入运营。

第三节　发展要点

城市交通运输行业作为新能源车辆推广应用的重要领域之一，是新能源车辆在公共服务领域推广应用的主力军，需从战略和全局的高度，进一步创新工作思路，加快推进新能源车辆的推广和应用。下一阶段，重点推进以下几项工作：

一、深入宣传贯彻《国务院办公厅关于新能源汽车推广应用的指导意见》

在深入领会《国务院办公厅关于新能源汽车推广应用的指导意见》精神实质的基础上，从行业管理的角度，以服务绿色交通建设为目标，以优化城市交通能源消费结构为核心，创新推广应用模式、落实扶持政策、完善体制机制，加快推进新能源汽车在城市交通领域的推广应用。

二、研究制定“新能源汽车推广应用的实施意见”

为深入贯彻落实《国务院办公厅关于加快新能源汽车推广应用的指导意见》，加快推进新能源汽车在交通运输行业的推广应用，尽快出台《交通运输部关于加快新能源汽车推广应用的实施意见》，进一步完善城市交通运输行业新能源汽车推广支持政策及相关措施，重点在城市公交、出租汽车等领域进行推进，并结合新能源汽车发展的形势与当地实际，督促各级交通主管部门开展落实。

三、加大扶持力度，完善保障措施

引导地方各级相关主管部门，按照政策引导，市场主导，重点推进，因地制宜的原则，从规划引领、车辆选型、完善相关配套设施、创新运营模式、安全和应急管理等方面为抓手，积极开展新能源汽车的推广应用。不断完善组织领导、法规制度和标准规范建设，不断促进技术保障、人才保障、监督检查和舆论引导等保障措施。

第十章　城市客运标准化

第一节　概况

交通运输部高度重视城市客运行业标准化建设工作，2014 年，指导各地继续贯彻落实《国务院关于城市优先发展公共交通的指导意见》，大力推动城市客运标准化各项工作，推进行业规范化发展。

一、标准化政策制定进一步加强

为进一步提高交通运输标准化工作水平，推进行业治理体系和治理能力现代化，2014 年 8 月，《交通运输部关于加强和改进交通运输标准化工作的意见》发布，从健全管理体系，完善技术体系，优化运行机制三个方面，提出了 20 条推进交通运输标准化工作的具体意见，突出强调加快综合运输、安全应急、城市客运等领域的技术标准制定。

二、城市客运标准化工作进一步深化

交通运输行业对城市客运标准化，特别是城市公共交通标准化重要性的认识不断提升。2014 年 10 月 15 日，交通运输部召开全行业标准化工作会议，杨传堂部长、王昌顺副部长发表讲话，指出加强和改进标准化工作，支撑“四个交通”建设；全国城市客运标准化技术委员会代表交通运输领域 26 家专业标准化技术委员会在大会上作交流发言，介绍了城市客运标准化工作现状和工作重点，并提出了发展建议。

三、编制完成《城市客运标准体系（2014 年）》

为适应我国城市客运发展的规范化、科学化和信息化要求，全国城市客运标准化技术委员会编制完成了《城市客运标准体系（2014 年）》，于 2014 年 12 月报批。《城市客运标准体系（2014 年）》确定了城市客运标准体系框架，形成了城市客运领域基础标准、服务标准、技术标准和产品标准四个层次的标准体系，明确了城市客运所依据的主要标准等。

四、制定城市客运重点标准制、修订计划

全国城市客运标准化技术委员会在广泛调研的基础上，综合考虑行业发展的急迫性和标准的重要性，以及标准技术成熟度和内容关联性等要素，于 2014 年 1 月至 9 月组织编制了“2015 ~ 2017 年城市客运重点标准制、修订项目计划”，提出了《城市客运标志》、《公共汽电车运营安全管理规范》、《城市轨道交通运营技术规范》等约 40 项标准制、修订任务，这些标准的编制将有效完善城市客运标准体系，提升城市客运行业发展水平。

五、编制发布城市客运行业发展急需的标准

2014 年 12 月，《城市公共汽电车驾驶员操作规范》、《城市公共汽电车客流调查方法》、《快速公共汽车配置要求》、《快速公共汽车交通系统（BRT）站台安全门》四项行业标准发布，将于 2015 年 4 月 1 日

起实施。此外,2014年全国城市客运标准化技术委员会完成了《城市公共交通发展水平评价指标体系》、《城市公共交通分担率调查和统计方法》、《公交专用道设置条件》等约20项标准的编制工作。

第二节 地方实践

一、北京

2014年，北京市以服务民生为宗旨，着力推进城市客运相关标准建设，取得明显成效。

1. 交通标准化工作体系初步形成

在总结多年实践经验的基础上，北京市初步形成了交通标准化“五个三”工作体系。“五”即标准化工作的五个方面：交通标准规划、立项、编制、实施和监督。“三”即每个方面都有三项具体职责和任务。规划方面：一是完成标准化规划纲要，二是完成标准体系表的建设，三是完成规划项目的设计；立项方面：建立“体制保障、资金保障和政策保障”审查机制；编制方面：建立“专家把关、行政把关和社会把关”机制；标准运行机制方面，推进“标准检测认证一体化、标准评价考核一体化”和交通标准化示范工程；标准监督方面：建立评估评价制度、公开公示制度、倒查倒追制度。

2. 组织编制地方标准

2014年,北京市完成了《地面公交专用道设置及施划标准》、《公共交通客运标志第2部分:轨道交通》、《城市轨道交通设施养护维修技术规范》等地方标准的编制工作，规范了北京公交专用道设置条件、城市轨道交通运营场所服务标志以及轨道交通设施养护维修技术等，为改善民生、保证安全、节能环保等提供有效技术依据。

3. 加强标准实施的评估

开展完成了《公共交通客运标志》、《快速公共汽车交通系统设计规范》、《公共汽电车运营安全管理规范》、《公共汽电车站台规范》、《城市轨道交通运营服务管理规范》等地方标准的评估工作。通过对地方标准实施情况进行跟踪评估，进一步促进了标准的全面实施，及时了解了标准化工作动态，准确制定了应对措施和复审意见。

4. 强化交通标准信息化建设管理

依据《交通地方标准专家选取办法》，通过交通标准专家选取信息系统，实现了专家特长与标准技术内容的自动匹配。从2014年7月1日起，通过全生命周期系统，实现了新制订的每个标准从立项、编制、论证、审查、发布、评估到废止或修订，每个环节的标准文本、专家论证意见、专家发言都将建立起完整详细的“标准档案”，为下一步考核评价奠定了坚实的基础。

二、常州

长期以来，常州市以科技和标准化管理为抓手，推进高品质公交和标准化建设。2014年，常州市城市公共交通管理与服务被国家质量监督检验检疫总局列为全国首批社会管理和公共服务综合标准化试点项目。

1. 建立企业标准体系

常州市公共交通集团公司全面梳理公司内部各项管理，按照《标准化工作导则第1部分》，编制技术标准218个、管理标准180个、工作标准252个，初步建立了以技术标准为主，管理标准和工作标准为辅的企业标准体系。2014年，发布了《企业标准体系表》，按照《企业现场管理准则》和《社会管理和公共服务标准化试点项目》要求，以提升现场管理为手段，完善智慧公交为保障，持续改进安全生产标准化和一体化管理体系为载体，不断提升标准化体系在管理中的运用，促进企业持续、稳定、健康发展。

2. 加强标准宣传贯彻

将学习企业标准纳入职工全员培训体系，组织集中宣贯、经验交流、资源共享等多形式、多层次的主题宣贯活动。对新修订制度执行中存在的争议做好解释说明，对流程和岗位说明书做好落实，对关键流程做好重点指导。注重发挥基层在标准实施过程中的主动性和积极性，确保管理者和操作者知晓执行。

3. 强化分步实施过程管控

标准化建设是一项系统性、整体性、协同性的工程，需要分步实施并持续改进。常州市公共交通集团公司在《社会管理和公共服务标准化试点项目》整体规划目标框架下，制定了标准化工作阶段计划和时间节点要求，强化项目全过程监管，为项目整体完成提供重要保障。

三、杭州

杭州市以推动公共自行车系统发展为契机，形成了具有鲜明特色的城市公共自行车标准化工作模式。

1. 完善服务标准体系

为了推广标准化服务，2014 年，杭州市牵头编制了国家标准《城市公共自行车交通服务规范》，为各地建设公共自行车服务系统提供管理经验借鉴。目前，杭州市已经编制了含通用基础、运营服务和服务保障三大类的城市公共自行车服务标准体系，先后制定了《城市公共自行车系统技术规范》（DB33/T 921—2014）和《城市公共自行车管理服务规范》（DB33/T 898—2013）浙江省地方标准，以及杭州市地方标准《城市公共自行车营运保障管理服务规范》（DB3301/T 0011—2013）。同时，结合公共自行车运营特点，先后制订了覆盖服务全过程的企业标准《公共自行车布局规范》等 125 项，使各项生产经营活动有标准可依。

2. 推进国家级标准化试点工作

杭州城市公共自行车服务，于 2011 年 10 月被国家质量监督检验检疫总局列为“国家级服务标准化试点项目”。几年来，杭州市运用标准化的管理方式，通过制定标准、实施标准和监督改进，结合试点工作的开展，实现管理的规范化，进而推动公共自行车服务品质的提升。杭州市大力推进公共自行车服务系统中的标准化创新，在“疑似故障车辆判别系统”科技创新项目中，对成熟技术同步进行标准制定，以固化流程、方便推广和规范实施，特别是在新服务点建设时，以标准化复制的原理，将成果快速运用、全面覆盖到新设公共自行车服务点。

3. 建立标准化长效管理机制

通过制定标准，理顺运营服务和管理流程，按服务过程对公共自行车进行管理，打破原有按部门职责划分的块状管理方式。标准经实施后，形成服务全过程管理模式，进而提高管理效率和服务质量。通过标准实施的监督检查，持续改进服务质量，提升服务水平，投诉率逐步下降，顾客满意率稳步上升。同时，注重对人才的培养和标准化队伍的建设，举办多种形式的标准化论坛、研讨会、培训班等，宣传和普及标准化知识。在每项新标准实施前，均进行标准宣贯，推动形成“学标准、讲标准”的风气。

第三节　发展要点

城市客运作为交通运输标准化重点领域之一，需要加快标准制、修订步伐，加强标准宣传贯彻和标准实施效果评估，进一步发挥企业在标准化工作中的作用，才能科学支持和引领行业健康规范发展，下一步发展要点是：

一、推进重点标准的制、修订

根据“2015 ~ 2017 年城市客运重点标准制、修订项目计划”，积极组织编制力量，充分发挥科研院所、企业和行业协会的作用，制定详细的工作计划，加快推进城市客运运营安全、服务质量、节能环保等重点标准的研究和制修订，以满足城市客运行业近期发展需要。

二、大力推动标准宣贯实施

随着标准制、修订工作的开展，《城市客运术语》、《城市公共交通发展水平评价指标体系》、《公交专用道设置条件》和《城市轨道交通列车驾驶员技能和素质要求》等一系列标准将陆续发布实施，为此，要充分利用各种媒介，切实做好标准化知识宣传和普及工作，加强对标准实施效果评估，推进标准有效实施。

三、开展标准服务认证研究

城市客运标准属于服务标准，不同于产品标准，服务标准缺乏推动标准实施的有力抓手，为此，交通运输部提出“研究探索服务认证方法，逐步开展服务认证”。下一步探索开展城市客运标准服务认证体系前期研究，探索服务认证方法，为城市客运标准实施提供科学的技术支持。

四、加大企业参与标准规范制定工作力度

大力推动标准化工作基础比较好的企业积极参与国家标准、行业标准、团体标准的制、修订工作，把企业中一些好的实践经验纳入到标准中，使标准与运营管理及科研成果密切结合，提高标准的技术水平和适用性。同时，加大城市客运国家（行业）标准在企业中的实施力度，让企业成为标准的实施主体，发挥企业在标准化工作中的主力军作用。

第十一章　城市客运信息化

第一节　概况

2014 年，城市客运行业积极推进信息化建设，加大城市客运信息化和智能化工作力度，城市公共交通智能化示范工程、出租汽车信息化建设、城市公共交通“一卡通”互联互通等工作稳步推进，城市客运行业运营、管理和服务效率与水平得到显著提升。

一、城市公共交通智能化应用示范工程有序推进

2014 年，第一批 10 个试点城市基本完成了城市公共交通智能化应用示范工程初步设计，一些进展较快的城市如郑州、济南、西安等已完成施工设计招投标，进入工程开发建设阶段。第二批 27 个试点城市均完成了工可报告及批复工作，除了个别城市外，资金申请报告已获交通运输部批复，青岛、杭州、呼和浩特、南昌、新乡等 12 个城市已完成了初步设计和批复报部工作。为规范提升示范工程建设质量，2014 年 5 月，《交通运输部办公厅关于印发城市公共交通智能化应用示范工程建设指南的通知》发布，以加强对城市公共交通智能化应用示范工程建设的技术指导。

二、城市出租汽车信息化建设不断深化

2014 年 5 月，交通运输部发布了《出租汽车服务管理信息系统》系列行业标准，以规范出租汽车行业相关信息化工程建设。为适应手机软件召车等出租汽车电召服务快速普及的新形势，交通运输部印发了《交通运输部办公厅关于促进手机软件召车等出租汽车电召服务有序发展的通知》，提出加强手机召车软件与城市出租汽车行业管理与服务系统的互联互通，以共享服务与管理信息，强化手机召车软件服务市场监督。此外，交通运输部印发了《交通运输部关于做好 95128 出租汽车约车服务号码开通实施工作的通知》（交运发〔2014〕197 号），促进了全国出租汽车统一约车服务电话的开通。

三、城市公共交通“一卡通”互联互通工作稳步开展

城市公共交通“一卡通”互联互通对提升城市公共交通服务水平，促进区域公共交通一体化发展具有重要意义。为加快此项工作，2014 年，交通运输部在组织编制了《城市公共交通 IC 卡技术规范（试行）》的基础上，印发了《交通运输部关于做好〈城市公共交通 IC 卡技术规范（试行）〉验证工作的通知》，并在广东、江苏等试点省份开展技术规范的验证工作。截至 2014 年年底，验证工作已取得了阶段性成果，形成了由卡片、读写终端、IC 卡信息接口、非接触接口通信、安全、检测 6 部分组成的《城市公共交通 IC 卡技术规范》（征求意见稿）。

第二节　地方实践

2014 年，各地积极推进城市客运信息化建设，在城市公交智能化系统、综合交通运输信息化等方面取得了明显成效，为提高城市客运运营、管理效率和服务品质发挥了重要作用。

一、河南省

2014年，河南省加快推进全省城市公共交通智能调度云平台建设。智能调度云平台是指利用云计算技术部署公交智能调度系统，通过网络为公交企业提供远程调度服务的新模式。这一模式将建设维护和使用分开，由智能调度云平台服务商负责智能调度系统的建设和维护，公交企业按需购置使用智能调度云平台提供的调度服务。智能调度云平台具有应用部署迅速，按需付费使用的特点，摆脱了传统模式下初期巨额资金投入和后期运营维护给企业带来的困难，为城市公共交通运营调度探索出一条新路。目前，河南省城市公共交通智能调度云平台已接入郑州公交、开封公交、南阳公交等多家城市公交企业。

二、杭州

为提高综合交通辅助决策能力、提升公众出行信息服务水平，杭州不断推进交通信息资源的整合和应用。依托杭州市交通信息资源云平台，实现了与浙江省交通运输厅、杭州市公安局交通警察支队、杭州市城乡建设委员会、杭州市城市管理委员会等多家单位的数据共享，为实现杭州市综合交通管理与服务奠定了良好的基础。

1. 交通数据分析不断深入

依靠杭州市交通信息资源云平台不断完善的数据资源，杭州市定期编制《杭州市综合交通运行报告》，内容不断完善和深入，已基本形成“5+1”分析报告体系，即城市轨道交通、出租汽车、12328热线、小客车调控、公共汽电车5个专题分析报告和1个综合运行分析报告。

2. 交通信息服务日益完善

杭州市以“共享开放、为民便民”为核心理念，以“交通杭州”手机APP和12328交通运输服务监督电话系统为抓手，致力于构建交通信息服务的“杭州模式”。“交通杭州”可提供城市公共交通、道路运输及个人自驾等多种方式的出行信息。12328交通运输服务监督电话自2014年6月开通以来，累计接入电话86480件，已成为交通管理部门与公众进行互通的快速通道。

3. 交通信息共享与管理应用不断加强

为充分挖掘交通数据的内在价值，杭州市以“开放共享”的理念通过云服务和大数据技术开放数据，吸引科研机构、大专院校、互联网企业等社会力量开发利用交通数据，积极探索借助社会力量实现交通数据的开发增值，提高杭州交通管理与服务水平。此外，杭州交通信息资源云平台在杭州综合交通信息指挥中心的交通行业监测、应急管理等方面也发挥着越来越重要的作用。

三、昆明

1. 综合交通运输信息化智能管理平台建设进展顺利

2014年，昆明市编制完成了《昆明市智能交通发展规划》，明确了未来一段时期内昆明智能交通的发展重点。作为昆明智能交通的承载实体，昆明市综合交通运输信息化智能管理平台正在开展建设工作，已完成平台信息中心的规划及可行性研究报告的编制工作。

2. 地铁线网控制中心启动建设

2014年，昆明市地铁线网控制中心启动建设，将实现对全网列车运行、电力供应、车站设备运行、防灾报警、环境监控、票务管理以及乘客服务等地铁运营的全过程实行调度指挥监控。昆明地铁线网控制中心将成为昆明市地铁全网的通信枢纽和信息交换中心及紧急情况下组织抢险救灾的指挥中心。

3. 城市公共交通领域信息化工作有序推进

2014年，昆明市所有公交车辆已经安装公交车动态监控系统，实现了对公交车车内及客运沿线的安全监控。同时，公交电子站牌建设稳步推进，已建成了280多块集公交线路、车辆到站、运营时间查询等为一体的公交电子站牌。依托互联网等媒介推广技术，建设了集政务信息发布和查询的“信息岛”，为公众提供便利的政务信息查询。在电子支付领域，自2014年5月，昆明市开始统一发售“城市交通一卡通”，实现了昆明城市公共交通和轨道交通两卡统一。

第三节　发展要点

为进一步推动城市客运信息化，下一步将重点做好以下工作：

一、完善城市公共交通信息化标准规范体系

加快研究制定城市公共交通信息化相关标准，实现与各专业领域标准、行业标准与国家标准之间的协调统一。完成编制和发布“城市公共交通智能化应用示范工程标准”，加强标准规范的宣贯工作，指导和规范示范工程建设，并通过第一批示范工程开展验证工作，进一步完善标准规范体系，尽早形成可指导全国城市公共交通信息化建设的标准规范体系。

二、推动城市综合运输服务信息的共享示范建设

结合交通运输部“综合运输服务示范城市”的建设，开展综合运输服务信息共享示范建设。建设城市综合运输服务协调支持信息系统，形成涵盖公路、铁路、水运、民航、气象、旅游等的动态信息报送和共享机制，在突发事件等情况下，实现各种运输方式之间协调联动。建设公众出行综合信息服务平台，面向社会公众提供信息查询等服务。

三、继续推动城市公共交通“一卡通”互联互通

对交通一卡通发展模式和运行机制进行深入调研，完善顶层设计，研究制定促进交通“一卡通”行业健康发展的指导意见。遵循市场决定资源配置的原则，对清分结算、服务价格、风险管控等制度规则进行规范；组织行业和市场力量共同建设国家级清分结算平台；通过以点带面、先区域后全国、先验证后推广的方式，在全国选取京津冀、长三角、珠三角、东三省、长江经济带中游城市群等部分区域开展联网工作，为实现全国的互联互通奠定基础。

四、推动“公交都市发展监测与考核评价系统”建设

为尽快落实城市公共交通发展绩效评价制度，支撑37个“公交都市”示范创建城市的过程管理与考核评价，充分利用创建城市已经或即将启动的“城市公共交通智能化应用示范工程”建设成果，加快推进“公交都市发展监测与考核评价系统”建设，以跟踪掌握重点城市公共交通发展状况，提升行业综合分析和决策支持能力。

第十二章　城市客运票制票价

第一节　概况

《国务院关于城市优先发展公共交通的指导意见》提出“要综合考虑社会承受能力、企业运营成本和交通供求状况，完善价格形成机制，建立多层次、差别化的价格体系”。《交通运输部关于贯彻落实〈国务院关于城市优先发展公共交通的指导意见〉的实施意见》提出：“要加快票制票价标准规范的制修订进程，完善换乘票价优惠政策”。2014年，为继续贯彻落实国家推进城市公交优先发展战略的有关部署，交通运输部加大了对城市客运票制票价工作的指导力度，各地也相继开展了关于城市客运票制票价的制定及动态调整的有益实践。

一、推进完善城市公共交通运价政策

为更好地指导地方行业主管部门制定城市公共交通票制票价相关政策，交通运输部组织开展了城市公共交通票制票价政策的相关基础研究工作，就城市公共交通的票价制定原则、票制设计、票价调节机制等开展了探索，旨在建立科学合理的运价定价及调节机制，兼顾经济效益和社会效益，考虑企业运营成本、公众承受能力、政府财政承担能力，发挥客运价格的引导与杠杆作用；同时，探索建立各种城市公共交通方式的合理比价关系，引导居民优先选择城市公共交通出行，提高城市交通系统的运行效率。

二、不断完善出租汽车行业价格政策

交通运输部于2014年9月颁布的《出租汽车经营服务管理规定》提出：“设区的市级或者县级交通运输主管部门应当配合有关部门，按照有关规定，并综合考虑出租汽车行业定位、运营成本、经济发展水平等因素合理制定运价标准，并适时进行调整”。该规定明确了出租汽车运价应根据相关因素进行动态调整，为出租汽车行业健康、可持续发展提供了依据。

三、各地积极完善城市公共交通票制票价

为推动城市公共交通行业健康发展，2014年，各地相继开展了城市公共交通票制票价调整工作。北京、南京、贵阳、武汉等城市分别启动了城市公共交通票价调整工作，进一步理顺了城市公共交通票价与运营成本的关系，保障了城市公共交通的可持续发展，为其他城市提供了有益借鉴。

第二节　地方实践

一、北京

1. 启动城市公共交通票价调整工作

2014年11月27日，北京市发展和改革委员会、北京市交通委员会、北京市财政局联合发布了《北京市发展和改革委员会　北京市交通委员会　北京市财政局关于调整本市公共交通价格的通知》（京发改

〔2014〕2526号),自2014年12月28日起,调整全市城市公共电汽车及轨道交通(机场线除外)价格标准,其中,城市轨道交通票价由一票制改为按里程收费制,并在乘客票款支出达到一定额度后给予一定的优惠。

2. 建立城市公共交通价格动态调整机制

在这次城市公共交通票价调整过程中，北京市还建立了票价动态调节机制，即以年度为周期，在考虑公共交通运营企业的运营状况，第三方机构评审的基础上，实施公开、透明的城市公共汽电车和轨道交通价格动态调整机制。

专栏　北京市公共汽电车和城市轨道交通价格动态调整机制

（1）以年度为周期，根据价格调整公式，定期进行测算调整。

（2）城市公共电汽车和轨道交通价格调整公式为：

$$P_n=P_{n-1}\times K$$

公式中：P_n为第n年城市公共汽电车或轨道交通调整后的平均票价；

P_{n-1}为第$n-1$年的城市公共汽电车或轨道交通实际平均票价；

K为调价系数，$K\leqslant I_{n-1}/I_{n-2}$；

I_{n-1}/I_{n-2}为北京市统计局公布的第n-1年人均可支配收入除以第n-2年时人均可支配收入。

（3）当平均票价调整幅度大于等于0.1元时，启动年度调价。

未达到上述启动条件时，当年不作调整，纳入下一年度周期累计。

（4）当公共交通价格调整达到启动条件后，由公共交通运营企业提出价格调整具体意见和价格调整方案，经市发展改革、交通、财政管理部门委托第三方机构评审并听取相关方面意见，在报请市政府同意后，对外公布实施。

（5）以5年为1个“价格动态调整”评估及修订周期，由市发展改革、交通、财政管理部门对公共交通价格及调价公式进行评估。如需调整，经价格听证会听证，并报请市委、市政府批准后对外公布实施。

二、南京

1. 调整城市轨道交通计价方式

2007年10月7日至2014年6月30日间，南京城市轨道交通票价实施区间计价，按区间长短分为2、3、4元三等。2014年，南京市对城市轨道交通线网票价进行调整，实行按里程计价；起步价2元可乘坐10公里，10公里以上部分，票价每增加1元，晋级里程为6、6、8、8、10、10、12、14公里；2014年轨道交通新线开通后实施地铁线网票价，以后新开线路均按此价格执行。

同时，南京市将于新线开通时发行月卡、双月卡和季卡，建立多层次的地铁票价体系。其中，月卡价格为：(当月工作日 ×2）×4元/次，有效期为一个月，限乘次数为当月工作日 ×2；双月卡价格为：(双月工作日 ×2）×4元/次，有效期两个月，限乘次数为两个月工作日 ×2；季卡价格为：(当季工作日 ×2）×4元/次，有效期三个月，限乘次数为季度工作日 ×2。

2. 出台出租汽车新计费政策

2014年，南京市物价局出台了出租汽车早晚高峰期“双计费”政策，规定南京市市域出租汽车自2014年3月20日起，在每天7:00 ~ 9:00和16:00 ~ 19:00时段内实施“双计费”，即在执行现有计程收费的基础上,当出租汽车行驶时速在12公里/小时以下(包括停驶)时,按车公里租价/5分钟计时收费。经济型出租汽车计时收费标准为2.4元/5分钟；其他车型中高档及纯电动出租汽车计时收费标准均为2.9

元/5分钟；同时取消“双计费”时段5分钟免费候时。

为建立适应新能源汽车运营特点的计价体系，南京市制定了纯电动出租汽车运价，参照南京市现有中档出租汽车运价，并不再收取燃油附加费，即起步价9元/2.5公里，超起步里程每车公里租价2.9元/公里；夜间（23:00～05:00）车公里租价加收服务费0.30元/公里；合乘费用，合乘乘客分别按照合乘里程费用的70%付费。

3. 实行城市公共交通换乘优惠政策

根据《关于加快推进南京市公交改革与发展的5年（2011～2015）实施计划》的要求，南京市物价局、交通运输局和财政局联合制定了城市公共交通换乘优惠方案，规定自2014年8月1日起，在全市使用成人公交卡乘坐公交车、地铁、轮渡实行换乘优惠。即：乘客刷卡（地铁按进站刷卡计算）后，90分钟内换乘优惠0.4元/次。60～69周岁老人、18周岁以下的中小学生乘坐公交车已在成人卡优惠基础上再享受5折优惠，其优惠幅度均大于公交换乘优惠的幅度，不再享受换乘优惠。

三、武汉

2014年12月，为了优化城市交通出行结构，武汉市根据《中华人民共和国价格法》的有关规定，对城市轨道交通票制票价进行了调整，与2012年执行票制票价相比，计价方式由计程变更为限时计程，计价标准维持不变，但乘客每次乘车超过3小时需要按最高单程票价补交超时车费。具体改革内容如下：

1. 票价标准

按里程分段计价，9公里以内（含9公里）2元/人次，9～14公里（含14公里）3元/人次，票价3元以上每增加1元可乘坐的里程比上一区段递增2公里，以此类推。

2. 优惠政策

免费乘客范围。持有效证件的现役军人、革命伤残军人、军队离退休干部和退休士官、伤残人民警察；持《武汉市下肢残疾人、盲人免费乘坐车船卡》的下肢残疾人、盲人和持《武汉市残疾人免费乘坐车船卡》的武汉市贫困残疾人；持《老年人优待证》的65岁以上老年人；一名成年乘客可免费携带一名身高不超过1.2米的儿童。

刷卡优惠。学生卡（中小学生）按规定票价7折计费；普通卡按规定票价9折计费。

定期票优惠。发行一日票、三日票、周票等定期票。具体票价由地铁集团公司根据客流变化及经营情况自行确定，报市价格主管部门备案后实施。

3. 相关规定

（1）乘客每次乘车超过3小时，须按最高单程票价补交超时车费。

（2）每条新线开通前3个月，地铁集团公司将各站点票价表报市价格主管部门备案后实施。

此外，为引导错峰出行、减少高峰时段的乘车压力，武汉市计划在城市轨道交通4号线二期开通后，深入分析客流组成，研究制定错峰时段城市轨道交通票价方案，并适时推出。

第三节　发展要点

为进一步完善城市客运系统票制票价体系，促进城市客运行业的健康发展，下一步重点开展以下工作：

一、规范城市客运系统票价制定及调节工作

一是进一步规范全国城市公共交通票价制定及调节工作，加快完善城市公共交通票制票价的相关规章

制度。综合考虑各种车型、运输成本、比价关系、供求关系、社会承受能力等因素，从定价原则、定价因素、票价调节等方面，指导城市科学开展票价制定及调节工作。二是结合出租汽车的功能定位，因地制宜开展出租汽车的定价与调价工作。三是加强票价工作的跟踪评估，及时掌握票价调整对城市客运系统的影响，不断完善城市客运系统定价与调价机制。

二、完善城市公共交通票制票价相关标准规范

快推进城市公共交通票制票价规范化建设，尤其是加快城市公共交通企业运营成本的测算规范及标准研究与制定，从成本类别、合理成本水平、核算办法等方面进一步规范城市公共交通定价成本的测算工作，提高城市公共交通票价定价及调价决策工作的科学性、合理性，为市政府核定公共交通企业政策性亏损提供参考依据。

三、建立多层次、差别化的城市客运票价体系

为进一步满足日益多样的城市客运出行需求，根据出行者的需求特点、线路特点、区域特点等，探索制定多层次、差别化的票价体系，鼓励实行不同城市客运方式间的换乘优惠，充分发挥价格调节客流、均衡不同客运方式发展的作用，以此吸引和固定主要客流群体，不断提高城市客运服务水平。

第十三章 行业精神文明建设

第一节 概况

2014 年 2 月,《交通运输部办公厅关于印发 2014 年全国交通运输行业精神文明建设和新闻宣传工作要点的通知》(厅政法字〔2014〕25 号)发布,全面部署了 2014 年交通运输行业精神文明建设工作,提出交通运输行业要积极培育和践行社会主义核心价值观,深入开展行业群众性精神文明创建活动。2014 年,城市客运行业按照交通运输部的总体部署,积极推动行业精神文明建设,不断提高行业精神文明建设成效。

一、继续开展出租汽车行业和谐劳动关系创建工作

2014 年 3 月,《交通运输部关于通报表扬全国出租汽车行业和谐劳动关系创建活动第二批先进集体和先进个人的决定》(交运发〔2014〕75 号)发布,通报表扬了第二批出租汽车行业和谐劳动关系创建活动的 16 个典型单位、55 个优秀车队和 16 名先进个人。同时,号召全国出租汽车行业以受表扬的典型单位、优秀车队(班组)和先进个人为榜样,继续全面深入开展创建活动,促进出租汽车行业健康规范发展。

二、组织开展"公交出行宣传周"活动

2014 年 8 月,《交通运输部关于组织开展 2014 年"公交出行宣传周"活动有关事项的通知》(交函运〔2014〕693 号)发布,明确了"公交出行宣传周"活动安排、活动内容和活动要求等。其中,包括开展多种形式的主题宣传活动、开展"平安公交"创建活动、实施公交便民服务举措、开展公交企业文化活动、加大公众参与力度和加强舆论宣传报道等。2014 年 9 月,全国各地围绕"优选公交、绿色出行"主题,开展了特色鲜明、内容丰富、群众喜闻乐见和参与性强的主题宣传活动。

第二节 地方实践

2014 年,各地积极开展城市客运行业精神文明建设活动,不断创新服务方式,提升服务品质,弘扬先进文化,行业服务意识和创新活力不断提升。

一、宁波

1. 创新和弘扬公交文化

2014 年,宁波市积极创新和弘扬公交文化。宁波市公共交通总公司采取"六个三"的创建做法,即落实组织领导、考核、监督"三项机制",形成高效保障体系;推进理论、道德、素能"三种教育",打造一流队伍;围绕公交都市、"月光经济"、文明之城"三条主线",助力社会民生;深化文明行车、文明车厢、文明品牌"三个文明",亮化文明形象;开展平安创建、文明办公、环境美化"三个行动",共建和谐环境;打造民主管理、职工关爱、健康娱乐"三大阵地",弘扬先进文化。

2. 开展文明公交活动

2014 年,宁波市积极开展多种形式的文明公交宣传活动。2014 年 3 月,宁波市公共交通总公司志愿

者在公交车厢内为幼儿园小朋友上公交安全课。2014 年 9 月，“公交出行宣传周”期间，宁波市交通运输部门举办“骑车达人”活动，为租用公共自行车次数最多的 10 位宁波市民颁奖。同时，宁波市城市公共交通行业还开展学雷锋、讲文明、树新风志愿公益活动，发起“关爱农民工子女爱心捐助”活动，弘扬行业正能量。

3. 提升出租汽车行业文明服务水平

2014 年，宁波市围绕出租汽车行业开展“诚信服务，文明行车”主题实践活动，开展六大提高服务品质行动。一是“大协作推进”行动，建立健全行业文明创建各项工作机制。二是“大规模培训”行动，通过多种形式的教育培训活动，使文明创建成为行业管理人员与从业人员的自觉行动。三是“大强度检查”行动，通过综合执法稽查等多种形式，集中力量解决行业文明创建中的短板与不足。四是“大力度处置”行动，明确企业创建责任和奖惩措施。五是“大手笔宣传”行动，充分利用网络媒体，加强宣传引导。六是“大范围提升”行动，提高驾驶员文明行车和诚信经营水平，增强行业凝聚力和向心力。

二、南昌

1. 开展城市公交“党员服务四贴近”主题创建活动

2014 年，南昌市公共交通总公司结合公交行业实际，深入开展以“党员服务四贴近”为主题的创建活动，深化打造“四个公交”，打造精品车队、精品线路，开展党员示范岗、党员示范车、党员“三亮三创三比”等活动。此外，结合党的群众路线教育实践活动，为一线职工解决生产生活中的实际问题。

2. 打造“文明、平安、时尚、温馨”公交

2014 年，南昌市公共交通总公司积极打造“文明公交、平安公交、时尚公交、温馨公交”，创建特色公交文化。加强车队驾驶员职业礼仪技巧培训，召开服务投诉案例评析现场会，跟踪检查考核驾驶员行车服务质量。开展“工人先锋号流动红旗”评比活动，激发广大员工立足本职岗位，学习服务技能，争当服务能手。

3. 加强出租汽车行业文明建设

2014 年，南昌市城市出租汽车行业开展“心手相连，真情互助，学雷锋志愿服务月”活动，共有 60 辆出租汽车免费为市区内 70 岁以上老人及残疾人提供出行服务。2014 年 5 月，南昌市发布“畅通省城、文明行车，告别违规违法和不文明行为”自律公约。通过各企业在本单位开展对驾驶员的培训、教育和监督工作，配合执法部门对有违规违法行为的驾驶员进行内部整改和责任追究，进一步提升驾驶员行为自律意识。一是扩大社会监管，广泛听取社会评议。二是成立企业联合稽查大队，开展联合稽查行动。三是在全行业开展优秀驾驶员评选活动。

三、重庆

1. 开展“公交出行宣传周”活动

2014 年 9 月，重庆市举行“公交出行宣传周”活动。活动期间，重庆市开展了多种形式的主题宣传活动和公共文化活动，广泛宣传安全乘坐公交车注意事项。重庆市公共交通控股(集团)有限公司开展公交驾乘人员综合服务技能大赛，在公共汽电车、城市轨道交通等大型中心站点巡展城市公共交通摄影作品等，营造市民关心公交、支持公交、选择公交的氛围。

2. 推行公交驾驶员实名制线路

2014 年，重庆市公共交通控股(集团)有限公司推出首条公交驾驶员实名制线路。在公交车信息栏上显示该车驾驶员的姓名、工号、星级、照片、服务承诺以及监督电话，方便乘客监督。通过实行实名制，当驾驶员有不文明行为或者不规范服务行为时，乘客可以根据显示信息，直接投诉驾驶员。

3. 开展下基层巡回宣讲活动

为扎实开展服务型党组织建设，全面推进公交企业文化落地生根，重庆市公共交通控股(集团)有限公司开展企业文化下基层巡回宣讲活动，以情景剧、快板书、演讲等方式对企业文化作更直观、更深入、更贴近的诠释，让员工对公交企业文化内涵有更深刻的认识。

4. 加强出租汽车行业精神文明建设

2014年，重庆市积极加强出租汽车行业精神文明建设。一是开展免费乘车服务活动。3月，90辆“雷锋的士”出租汽车，免费向老年人、孕妇、残疾人、需要紧急就医的人群提供主城区免费乘车3天的服务。二是开展专项文明宣传活动。5月，举行“珍爱生命、安全出行、文明礼让斑马线、行人”专项活动，向全体驾驶员发出了“文明礼让、安全行车”的倡议。三是宣传行业正能量。挖掘反映行业发展新貌的先进事迹和好人好事等，开展舆论宣传和引导。

第三节　发展要点

为进一步推进城市客运行业精神文明建设工作，下一步重点开展以下几项工作：

一、加大城市客运公众参与力度

积极采取多种形式，鼓励社会公众参与到城市客运发展和服务中来，不断提高公众参与的广度和深度。充分利用网络、电话、手机等多种渠道，积极开通服务热线电话、公共微信账户等沟通渠道，加强与社会公众的互动交流，全面了解公众诉求，及时解答公众关切的问题。将城市客运运营调度中心、应急指挥中心、城市客运场站等设施或内部管理场所向社会公众开放，拉近城市客运与公众的距离。邀请社区居民、学生等不同类型的乘客代表，与城市客运企业和行业管理部门开展座谈和交流，当面听取广大乘客对公交服务、行业发展的意见和建议。

二、深入开展城市客运行业精神文明创建活动

深入开展文明行业创建活动，坚持服务人民、奉献社会，突出诚信教育，增强道德自律，进一步形成文明服务的行业风气和文明和谐的社会风尚。以扩大群众参与、提升职工文明素质和行业文明程度为目标，深入推进文明主题创建行动、行业形象塑造行动。

三、加强城市客运行业新闻宣传工作

高度重视城市客运行业新闻宣传工作，大力宣传文明服务的行业风气和文明出行的社会风尚。精心策划，周密组织，有序实施，灵活运用各级各类媒体，加强城市客运行业重大主题宣传报道，不断提高城市客运行业新闻宣传的导向性、实效性和影响力。

2014年度城市客运
大事记

IMPORTANT EVENTS OF URBAN PASSENGER TRANSPORT IN 2014

1月 15日

《交通运输部关于印发交通运输服务监督电话“12328”实施方案的通知》(交运发〔2014〕29号)发布，提出构建以地方为主、联网运行的12328交通运输服务监督电话系统。

2月 24日

交通运输部部长杨传堂答记者问文章《大力提升交通运输服务水平　加快建设人民群众满意交通》在《学习时报》刊发，文章指出要建设城市公共交通一卡通跨地区互联互通平台。

3月 20日

《交通运输部关于做好〈城市公共交通IC卡技术规范(试行)〉验证工作的通知》(交运发〔2014〕74号)发布。

4月 12日

交通运输部组织召开了“第二批城市公共交通智能化应用示范工程建设方案”专家评审会，确定太原、石家庄、青岛等26个城市为第二批城市公共交通智能化应用试点城市。

16日

《交通运输部办公厅关于进一步加强公交都市创建工作动态监管有关事项的通知》(厅运字〔2014〕74号)发布，提出加强创建工作动态管理、建立创建工作动态联系机制、落实创建工作年度报告制度等工作。

22日

《交通运输部办公厅关于加快推进城市公共交通智能化应用示范工程建设有关事项的通知》(厅运字〔2014〕79号)发布。

26日

交通运输部党组成员兼运输司司长刘小明带队赴天津开展城市公共交通发展改革情况调研。

5月 5日

交通运输部发布《关于交通运输行业贯彻落实〈2014～2015年节能减排低碳发展行动方案〉的实施意见》(交办发〔2014〕110号)，提出推动建立以公共交通为导向的城市发展模式，加快城市轨道交通、公交专用道、快速公交系统(BRT)等大容量公共交通基础设施建设。

5月

5 日　“中国电动汽车百人会成立大会暨 2014 年重点工作研讨会”在北京举行，交通运输部党组成员兼运输司司长刘小明出席会议并讲话。

13 日　交通运输部党组成员兼运输司司长刘小明到广东省调研综合运输服务工作。

28 日　《交通运输部办公厅关于印发城市公共交通智能化应用示范工程建设指南的通知》（厅运字〔2014〕105 号）发布，为规范城市公共交通智能化应用示范工程建设提供了技术指导。

7月

14 日　《国务院办公厅关于加快新能源汽车推广应用的指导意见》（国办发〔2014〕35 号）发布，提出改革完善城市公交车成品油价格补贴政策，加快新能源汽车替代燃油公交车步伐。

25 日　《公安部 交通运输部关于切实加强城市公共交通安保工作的通知》（公通字〔2014〕28 号）发布，强调加强城市公共交通安保工作，强化城市公共交通安保防控体系建设。

30 日　《交通运输部办公厅关于落实公交都市创建城市支持政策推进城市综合客运枢纽建设有关事项的通知》（交办运〔2014〕149 号）发布，提出建立城市综合客运枢纽建设项目库，加强城市综合客运枢纽建设管理工作。

8月

6 日　中共中央组织部委托交通运输部承办的“促进交通运输行业转型升级专题研究班”在交通运输部管理干部学院开班。交通运输部党组成员兼运输司司长刘小明出席开班仪式并为学员授课。

11 日　《交通运输部关于印发公路水路交通运输主要技术政策的通知》（交科技发〔2014〕165 号）发布，明确了城市公共交通的主要技术及科技政策。

22 日　《交通运输部关于组织开展 2014 年“公交出行宣传周”活动有关事项的通知》（交函运〔2014〕693 号）发布，明确了活动主题、活动时间、活动目标、活动内容等。

27 日　交通运输部在哈尔滨召开第二批公交都市创建工作推进会。交通运输部党组成员兼运输司司长刘小明出席会议并讲话。

9月

5 日　《交通运输部关于贯彻落实交通行业标准〈公共汽车类型划分及等级评定〉（JT/T888—2014）的通知》（交运发〔2014〕182 号）发布。

16 ~ 22 日　交通运输部组织开展 2014 年“公交出行宣传周”活动，主题为“优选公交、绿色出行”。各地积极组织开展了形式多样的公交出行宣传活动。

9月

30日　《交通运输部关于加强城市轨道交通运营安全管理的意见》（交运发〔2014〕201号）发布，明确了城市轨道交通运营安全、服务水平等要求。

30日　《出租汽车经营服务管理规定》（交通运输部令2014年第16号）发布，对出租汽车行业经营许可、运营服务、运营保障、监督管理等方面作出规定。

10月

15日　交通运输标准化工作电视电话会议召开，杨传堂部长、王昌顺副部长发表讲话，指出加强和改进标准化工作，有力支撑“四个交通”建设。

27日　第31届中心城市交通改革与发展研讨会在海口召开，主题为“坚持改革创新，推动城市交通运输科学发展”，会议提出中心城市加快推进城市交通运输治理体系和治理能力现代化。

11月

19日　《交通运输部关于印发〈城市公共交通规划编制指南〉的通知》（交运发〔2014〕236号）发布，明确了编制城市公共交通规划的主要内容、技术要点、主要成果等要求。

12月

10日　2014年全国城市客运标准化技术委员会年会在郑州召开。

14日　《交通运输部关于开展综合运输服务示范城市建设的通知》（交运发〔2014〕254号）发布，“综合运输服务示范城市”建设正式启动。

24日　《交通运输部关于开展城乡道路客运一体化发展水平评价有关工作的通知》（交运发〔2014〕259号）发布，对开展城乡道路客运一体化发展水平评价工作进行了部署。

28日　2015年全国交通运输工作会议在北京召开。交通运输部部长杨传堂做了题为《全面深化改革 加强法治建设 在新常态下推进交通运输科学发展》的工作报告，强调继续实施公交优先发展战略，深化公交都市创建。

31日　《交通运输部关于全面深化交通运输改革的意见》（交政研发〔2014〕242号）发布，提出深化公共交通体制机制改革，推进出租汽车行业市场化改革。

附录　图表目录

1. 图　目　录

2. 表 目 录

1. LIST OF FIGURES

2. LIST OF TABLES